W0075326

Kira Janello

Kinder
auf der Flucht

Geschichten
aus dem Leben

Eine Unterrichtsreihe zum Thema
Migration und Toleranz

 **Verlag an der Ruhr**

Impressum

Titel
Kinder auf der Flucht – Geschichten aus dem Leben
Eine Unterrichtsreihe zum Thema Migration und Toleranz

Autorin
Kira Janello

Titelbildmotiv
© Katja Hillscher

Druck
Media Print Informationstechnologie GmbH, Paderborn, DE

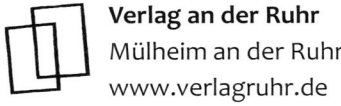

Verlag an der Ruhr
Mülheim an der Ruhr
www.verlagruhr.de

Geeignet für die Klassen 3–4

Unser Beitrag zum Umweltschutz
Wir sind seit 2008 ein ÖKOPROFIT®-Betrieb und setzen uns damit aktiv für den Umweltschutz ein. Das ÖKOPROFIT®-Projekt unterstützt Betriebe dabei, die Umwelt durch nachhaltiges Wirtschaften zu entlasten. Unsere Produkte sind grundsätzlich auf chlorfrei gebleichtes und nach Umweltschutzstandards zertifiziertes Papier gedruckt.

Urheberrechtlicher Hinweis
Das Werk und seine Teile sind urheberrechtlich geschützt. Jede Verwendung in anderen als den gesetzlich zugelassenen Fällen bedarf der vorherigen schriftlichen Einwilligung des Verlages. Im Werk vorhandene Kopiervorlagen dürfen vervielfältigt werden, allerdings nur für jeden Schüler der eigenen Klasse/des eigenen Kurses. Die dazu notwendigen Informationen (Buchtitel, Verlag und Autor) haben wir für Sie als Service bereits mit eingedruckt. Diese Angaben dürfen weder verändert noch entfernt werden. Die Weitergabe von Kopiervorlagen oder Kopien (auch von Ihnen veränderte) an Kollegen, Eltern oder Schüler anderer Klassen/Kurse ist nicht gestattet.
Der Verlag untersagt ausdrücklich das Herstellen von digitalen Kopien, das digitale Speichern und Zurverfügungstellen dieser Materialien in Netzwerken (das gilt auch für Intranets von Schulen und sonstigen Bildungseinrichtungen), per E-Mail, Internet oder sonstigen elektronischen Medien außerhalb der gesetzlichen Grenzen. Kein Verleih. Keine gewerbliche Nutzung. Zuwiderhandlungen werden zivil- und strafrechtlich verfolgt.

Bitte beachten Sie die Informationen unter www.schulbuchkopie.de.

Soweit in diesem Produkt Personen fotografisch abgebildet sind und ihnen von der Redaktion fiktive Namen, Berufe, Dialoge u. Ä. zugeordnet oder diese Personen in bestimmte Kontexte gesetzt werden, dienen diese Zuordnungen und Darstellungen ausschließlich der Veranschaulichung und dem besseren Verständnis des Inhalts.

Trotz sorgfältiger inhaltlicher Kontrolle kann keine Haftung für die Inhalte externer Seiten, auf die mittels eines Links verwiesen wird, übernommen werden. Für den Inhalt der verlinkten Seiten sind ausschließlich deren Betreiber verantwortlich.

© **Verlag an der Ruhr 2018**
ISBN 978-3-8346- 3789-5

Inhaltsverzeichnis

Vorwort

Liebe Leser[1],

ich freue mich sehr darüber, dass Sie sich für dieses Buch und somit für die Unterrichtsreihe „Kinder auf der Flucht" entschieden haben.

Mir liegen das Thema und der Umgang mit geflüchteten Kindern sehr am Herzen. Durch eigene Erfahrungen ist mir deutlich geworden, dass wir Grundschulkinder mit der Integration von geflüchteten Kindern häufig überfordern. Ohne Aufklärung werden diese – teils traumatisierten – Kinder mit keinen oder wenig deutschen Sprachkenntnissen in Regelklassen verfrachtet, ohne dass die Schüler dieser Klassen darauf vorbereitet und sensibilisiert wären.

Die hier ausgearbeitete Unterrichtsreihe soll genau diese Aufklärung und Sensibilisierung leisten und ich freue mich über jeden Lehrer, der dieses Thema mit seinen Schülern behandelt und versucht, die Kinder in Hinblick auf die Akzeptanz und Integration von geflüchteten Kindern zu informieren sowie sie anzuregen, sich gegenseitig wertzuschätzen und so für mehr Toleranz im Umgang miteinander in einer heterogenen und bunten Schülerschaft zu sorgen. Die Unterrichtsreihe ist in sieben aufeinander aufbauende Einheiten unterteilt, welche zwischen 45 Minuten und mehreren Schulstunden andauern. Sie beinhaltet neben sieben verschiedenen Kinderbiografien in Form von Lesetexten und Bildern ein Expertenheft sowie viele Kopiervorlagen und weitere Arbeitsmaterialien.

Während der Unterrichtsreihe lernen die Grundschüler, verschiedene Perspektiven einzunehmen und Empathie für die geflüchteten Kinder aufzubauen. Mithilfe der Kinderbiografien gewinnen sie eine Vorstellung, wie sich die Kinder auf der Flucht fühlen und welche Ängste sie haben. Abschließend reflektieren die Schüler die Situation an ihrer Schule und versuchen, durch Partizipation in Form von Planung und Durchführung eines eigenen Integrationsprojekts, den Alltag für die geflüchteten Kinder zu vereinfachen und das Gefühl von Gemeinschaft und „Willkommensein" zu verbreiten. Zusätzlich wurde zur Unterrichtsreihe das Lied „Worum es geht" komponiert, das die Intention dieses Themas unterstützt und die Kinder zusätzlich zum Nachdenken anregt.

Natürlich kann die Unterrichtsreihe auch individuell auf die jeweilige Lerngruppe angepasst und verändert werden, als Idee dienen oder als Integrationsprojekt durchgeführt werden, das durch seine Aktualität und politische Brisanz sensibel behandelt werden sollte.

Die angegebenen Zeiten pro Einheit sind nur Orientierungshilfen und können individuell auf die Klasse angepasst werden. Geben Sie den Kindern während der Bearbeitung die nötige Zeit, über das Gelernte zu diskutieren, mögliche, von den Medien oder von anderen aufgeschnappte Meinungen zu überdenken und eine eigene Meinung zu bilden.

Nun wünsche ich Ihnen ganz viel Spaß bei der Behandlung des Themas und freue mich über jede Klasse und jede Schule, in der das Thema „Flucht" und die Integration von geflüchteten Kindern mit zum Schulalltag gehören.

Ihre Kira Janello

Tipp:
Unter www.verlagruhr.de können Sie das Lied „Worum es geht" kostenpflichtig als mp3-Download herunterladen. Geben Sie es dort in die Suchmaske ein.

---

[1] Anmerkung: Im weiteren Verlauf verwenden wir für Begriffe wie Leser/innen, Lehrer/innen, Schüler/innen etc. ausschließlich die männliche Form. Selbstverständlich sind damit auch alle anderen in diesem Bereich tätigen Personen gemeint.

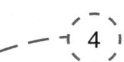

Hinweise zum Umgang mit dem Buch

Die im Buch beschriebene Thematik ist in sieben Unterrichtseinheiten unterteilt, die je nach Lerngruppe, Zeit und Fokus verändert werden können.

Zu Beginn der Reihe erfolgen drei Einheiten zum Schwerpunkt Toleranz. Das hier aktiv erworbene Wissen hilft den Kindern, sich im Zuge der Expertenarbeit zum Thema „Flucht", ab Einheit 5, intensiver in die geflüchteten Kinder hineinzuversetzen.

Die erste Einheit beginnt mit einem Exkurs zum Thema „Heterogenität". Die Schüler vergleichen sich mit Kindern aus aller Welt und ihren Klassenkameraden. Ziel ist es, dass die Schüler aktiv erleben, dass sie viele Gemeinsamkeiten haben, jeder aber trotzdem unterschiedlich bzw. individuell ist. Sie erfahren, dass Individualität uns bereichert und das Leben spannend macht.

Es folgt ein Spiel, in dem die Kinder im spielerischen Kontext erfahren, wie es sich anfühlt, zur Mehr- oder Minderheit zu gehören, um ein Verständnis für ausgegrenzte Bevölkerungsgruppen zu schaffen.

Damit die Schüler Fluchtursachen verstehen, folgt eine Einheit zum Thema „Menschliche Grundbedürfnisse". Die Kinder überlegen sich, was sie zum Leben brauchen, und vergleichen ihre Ideen im Plenum. Menschliche Grundbedürfnisse werden erarbeitet und in Form einer Sonne gemeinsam als visuelle Darstellung zusammengetragen. An diesem Zeitpunkt wird das Thema „Flucht" eingeleitet.

Ausgehend von den menschlichen Grundbedürfnissen, wird den Kindern deutlich, dass, wenn diese Bedürfnisse nicht erfüllt werden, Menschen flüchten.

Bevor die Expertenarbeit beginnt, können die Kinder ihr Vorwissen in Form einer Standortbestimmung aufschreiben und im Plenum vorstellen. In diesem Zusammenhang werden ebenfalls Fragen zum Thema „Flucht" gesammelt, die im Rahmen der Reihe beantwortet werden.

An dieser Stelle kann das Lied „Worum es geht" von Shafagh Zurstraßen eingeführt und vor jeder folgenden Stunde, zur Einstimmung in die Thematik und zur Motivation gesungen werden. Das Lied kann online als Download unter www.verlagruhr.de erworben werden.

Die Expertenarbeit zum Thema „Flucht" beginnt mit der Einteilung der Gruppen. Zudem werden die zu verteilenden Rollen, die Dokumentation der Forscherfragen sowie der Ablauf einer Experteneinheit mit dem Expertenheft thematisiert.

Im Anschluss beantworten die Gruppen mithilfe von Lesetexten Leitfragen, um eine übergeordnete Forscherfrage zu jedem Kapitel zu beantworten. Nach jeder Stunde kann die Gruppenarbeit mithilfe eines Selbsteinschätzungsbogens reflektiert und die nächste Stunde geplant werden.

Zum Abschluss der Expertenarbeit tragen die Gruppen ihre Ergebnisse auf einem Lernplakat zusammen. Es ist von Vorteil, wenn die Kinder als Strukturhilfe Überschriften und Bilder (siehe Kopiervorlagen) bekommen. Anschließend werden die Plakate vorgestellt und die in Einheit 4 erarbeiteten Fragen beantwortet.

Damit die Klasse selbst aktiv werden kann, folgt nun die Planung und Durchführung eines schulinternen Integrationsprojektes, das eigenständig von den Kindern geplant und durchgeführt werden soll. Hierbei ist es wichtig, die Schüler zu unterstützen und als Mentor zu leiten, ihnen jedoch die nötigen Freiheiten zu lassen, kreativ ihr Projekt zu planen und durchzuführen.

Selbstverständlich sind dies nur Vorschläge, wie ich die Unterrichtsreihe in der Praxis durchgeführt habe. Es steht jedem Kollegen frei, wie die Materialien verwendet und eingesetzt werden.

Lied

Worum es geht

© Lied produziert von Shafagh Zurstraßen;
Gesang: Charlotte Reckert; Rap: Maurice Gärtner Horado

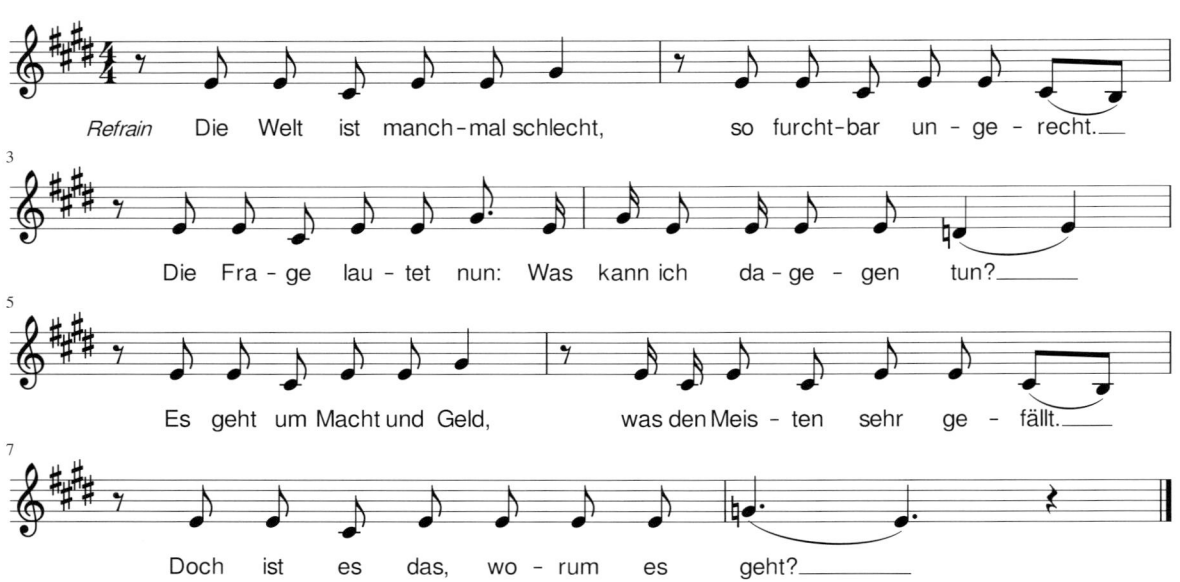

Refrain Die Welt ist manch-mal schlecht, so furcht-bar un-ge-recht.

Die Fra-ge lau-tet nun: Was kann ich da-ge-gen tun?

Es geht um Macht und Geld, was den Meis-ten sehr ge-fällt.

Doch ist es das, wo-rum es geht?

1. Nein! Wir schrei'n es laut heraus. Erwachsene, macht die Augen auf!
   Ihr erkennt nicht, worum es geht! Auf der ganzen Welt herrscht heute Krieg.
   Die ärmsten Menschen laufen um ihr Leben.
   Voller Angst, sie brauchen uns, was können wir geben?
   Sicherheit, ein Zuhause und Freundschaft. Integration nennt sich das. Gerafft?

(Refrain)

2. Nein! Wir sagen es noch mal. Merkt denn keiner: Wir haben die Wahl.
   Gemeinsam sind wir erst so richtig stark. Ohne Hass, ich helfe, weil ich helfen mag.
   Wäre ich in größter Not und hoffnungslos in dieser Welt verlor'n,
   wäre mein größter Wunsch: Jemand der das sieht und mir endlich wieder Hoffnung gibt.

(Refrain)

3. Nein! Wir Kinder sind jetzt gefragt. Die Welt braucht Helden für jeden Tag.
   Du musst nur Folgendes machen: Geh' hinaus in die Welt mit deinem größten Lachen.
   Pack deine besten Freunde auch mit ein und zeig' den Kids in Not: Sie sind nicht allein.
   Die deutsche Sprache lernen ist doch ein Klacks, alles ist so einfach, wenn du Freunde hast.

Refrain Die Welt ist gar nicht schlecht, nur manch-mal un-ge-recht.

Die Ant-wort lau-tet nun: Du kannst al-les da-ge-gen tun!

Illustration: © Katja Hillscher

Einheit 1:

Wir Kinder dieser Erde

Gemeinsamkeiten und Unterschiede der Weltbevölkerung

Kompetenzerwartungen:

Die Schüler

> lernen die Gemeinsamkeiten und Unterschiede der Weltbevölkerung kennen,

> lernen, Vorzüge einer heterogenen Gemeinschaft wertzuschätzen,

> fördern ihre Akzeptanz und Toleranz anderen Menschen gegenüber.

Verlauf	Sozialform	Materialliste
Vorbereitung		
Die Unterrichtseinheit ist auf eine **Doppelstunde (90 Minuten)** ausgelegt: ▶ Legen Sie eine Weltkarte oder einen Globus in die Sitzkreismitte. ▶ Schreiben Sie die aktuelle Bevölkerungszahl (~7,5 Milliarden) weltweit und die Anzahl der Länder/Staaten (193 Staaten) der Welt auf zwei Zettel. ▶ Kopieren Sie den Steckbrief zum Ausfüllen (S. 12) im Klassensatz für die Einzelarbeitsphase. ▶ Kopieren Sie das Gruppenarbeitsblatt (S. 13/14) für jede Gruppe einmal. ▶ Kopieren Sie die ausgefüllten Steckbriefe von Kindern aus anderen Ländern (S. 15–22) so, dass jede Gruppe mindestens 1 Steckbrief bekommt (jede Gruppe bekommt einen anderen Steckbrief), und das dazugehörige Arbeitsblatt (S. 23/24) pro Gruppe einmal. ▶ Kopieren Sie die Wortkarten (S. 11) und schneiden Sie sie so aus, dass immer ein Wort auf einer Karte steht. Sie können als zusätzliches Material das Bilderbuch **„Menschen"** von *Peter Spier* verwenden.		☐ Weltkarte/Globus ☐ Zettel mit aktueller Anzahl der Weltbevölkerung und Anzahl der Länder/Staaten ☐ Blanko-Steckbrief (S. 12) ☐ Arbeitsblatt (S. 13/14) ☐ Steckbriefe von Kindern aus anderen Ländern (S. 15–22) ☐ Wortkarten (S. 11) ☐ Gruppenarbeits-blätter (S 23/24)
Einstieg		
Treffen Sie sich mit Ihrer Klasse im Sitzkreis. Legen Sie eine Weltkarte/Globus als stummen Impuls in die Kreismitte. Die Schüler erläutern ihr Vorwissen. Legen Sie den Zettel mit der aktuellen Zahl der Weltbevölkerung auf die Landkarte oder neben den Globus. Legen Sie einen zweiten Zettel mit der Anzahl der Länder/Staaten darauf. Stellen Sie die Frage: ▶ *Woran erkenne ich, aus welchem Land ein Mensch stammt?* Lassen Sie die Kinder spekulieren und Ideen sammeln und stellen Sie anschließend die Frage: ▶ *Sind dann immer alle Menschen in einem Land gleich?* Bevor die Schüler zu dieser Frage spekulieren, zeigen Sie den Kindern den Steckbrief und erklären Sie den Arbeitsauftrag: ▶ *Wir wollen nun herausfinden, ob alle Menschen aus einem Land gleich sind und wie wir uns von Menschen aus einem anderen Land unterscheiden.* ▶ *Dazu füllst du als Erstes den Steckbrief allein aus.* ▶ *Danach triffst du dich mit deiner Gruppe und ihr vergleicht eure Steckbriefe. Was fällt euch dabei auf?* ▶ *Notiert eure Entdeckungen auf dem Gruppenarbeitsblatt.*	Sitzkreis/ Plenum	☐ Weltkarte/Globus ☐ Zettel mit aktueller Anzahl der Weltbevölkerung und Anzahl der Länder/Staaten

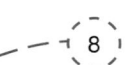

Verlauf	Sozialform	Materialliste
▶ *Danach bekommt ihr von mir noch weitere Steckbriefe, die ihr mit euren Steckbriefen vergleichen könnt. Notiert auch hierzu eure Entdeckungen auf eurem Arbeitsblatt.* Erklären Sie den Kindern, dass Sie über die Gemeinsamkeiten und Unterschiede diskutieren sollen. Hinweis: Besprechen Sie – je nach Lerngruppe – den Steckbrief und die Arbeitsblätter kurz.		

Arbeitsphase		
Die Schüler füllen an ihrem Platz ihren Steckbrief (S. 12) aus. Danach treffen Sie sich in Gruppen (Gruppengröße ist beliebig wählbar), vergleichen ihre Steckbriefe miteinander und notieren ihre Entdeckungen auf dem Gruppenarbeitsblatt (S. 13/14). Wenn sie fertig sind, bekommen sie einen Steckbrief (beliebig auch mehrere) von einem Kind aus einem anderen Land (S. 15–22). (Jede Gruppe bekommt einen anderen Steckbrief). Diesen vergleichen sie nun mit den Erkenntnissen zur eigenen Gruppe und notieren die Entdeckungen auf dem Gruppenarbeitsblatt (S. 23/24).	Einzelarbeit und Gruppen-arbeit	☐ Blanko-Steckbrief ☐ Arbeitsblätter ☐ Steckbriefe von Kindern aus anderen Ländern ☐ Gruppenarbeits-blätter

Differenzierung		
Stellen Sie den Gruppen einen oder mehrere Steckbriefe von Kindern aus anderen Ländern zur Verfügung.		☐ Steckbriefe

Reflexion		
Treffen Sie sich wieder mit der Klasse im Sitzkreis. Stellen Sie Fragen: ▶ *Sind alle Menschen in einem Land gleich?* ▶ *Sind die Menschen aus einem anderen Land immer anders?* Die Gruppen stellen ihre Ergebnisse vor, vergleichen sie und gehen auf die Fragen ein. Die Wortkarten (S. 11) helfen den Kindern, ihre Ergebnisse zu struk-turieren, und liegen in der Kreismitte auf dem Boden. Die Kinder stellen fest, dass sie auch untereinander sehr verschie-den sind und dass sie den Kindern aus anderen Ländern in manchen Dingen ähnlich sind und in anderen Dingen verschieden sind. Hierbei vergleichen Sie auch die Steckbriefe der ausländischen Kinder untereinander. Legen Sie die Forscherfrage ▶ *Warum ist es so wichtig, dass wir alle unterschiedlich sind?* (S. 11) in die Kreismitte und lassen Sie die Schüler kurz überlegen.	Sitzkreis/ Plenum	☐ Wortkarten ☐ Forscherfrage

Verlauf	Sozialform	Materialliste
Zusätzlicher Denkauftrag: ▶ *Stellt euch vor, wie sähen alle gleich aus und würden uns alle gleich verhalten. Wie fändet ihr das?* Die Klasse verallgemeinert ihre Entdeckungen und stellt fest: ▶ *Alle Menschen auf der Welt sind verschieden (auch im gleichen Land) und es ist toll und spannend, anders zu sein.* Notieren Sie das Ergebnis der Stunde auf einem Plakat und hängen Sie es im Klassenraum auf.		

© Verlag an der Ruhr | Autorin: Kira Janello | ISBN 978-3-8346-3789-5 | www.verlagruhr.de

Forscherfrage	✂	Wortkarten

Warum ist es so wichtig, dass wir alle unterschiedlich sind?

die Stärken

die Schwächen

die Feste

das Essen

die Religion

die Sprache

das Aussehen

die Kleidung

das Heimatland

die Hobbys

der Charakter

die Gefühle

Kinder dieser Erde

Mein Name: ....

....

Mein Geschlecht: ....

Ich bin .... Jahre alt.

Ich mit meinen Lieblingsanziehsachen

Meine Augenfarbe: ....

Meine Haarfarbe: ....

Meine Lieblingskleidung: ....

Mein Heimatland: ....

Ich spiele gern ....

....

Ich bin ....

.... *(Beispiele: lustig, ehrlich, sportlich, faul ...)*

Das bringt mich zum Lachen: ....

....

Das bringt mich zum Weinen: ....

....

Ich kann gut ....

Ich kann nicht so gut ....

Mein Lieblingsfest: ....

Mein Lieblingsessen: ....

Ich glaube an ....

Ich spreche ....

© Verlag an der Ruhr | Autorin: Kira Janello | Illustration: © Katja Hillscher | ISBN 978-3-8346-3789-5 | www.verlagruhr.de

So sind wir und so sind die anderen aus unserer Klasse (1/2)

Namen: ....

Vergleicht eure Steckbriefe miteinander und schreibt auf,
worin ihr euch unterscheidet und worin ihr euch ähnlich seid.

Unser Aussehen: *(Geschlecht, Alter, Augen- und Haarfarbe)*

	stimmt überein ✔	stimmt nicht überein ✗

....

....

☐ ☐

Unsere Kleidung:

....

....

☐ ☐

Unser Heimatland:

....

....

☐ ☐

Unsere Hobbys: *(Spiele, Sport …)*

....

....

☐ ☐

Unser Charakter: *(So sind wir)*

....

....

☐ ☐

Unsere Gefühle: *(Das bringt uns zum Lachen/Weinen …)*

....

....

☐ ☐

Unsere Stärken: *(Das können wir gut)*

....

....

☐ ☐

Unsere Schwächen: *(Das können wir nicht so gut)*

....

....

☐ ☐

© Verlag an der Ruhr | Autorin: Kira Janello | ISBN 978-3-8346-3789-5 | www.verlagruhr.de

So sind wir und so sind die anderen aus unserer Klasse (2/2)

Namen: ....

Unsere Feste:

stimmt überein ✔   stimmt nicht überein ✗

....

☐   ☐

Unser Essen:

....

☐   ☐

Unsere Religion:

....

☐   ☐

Unsere Sprache:

....

☐   ☐

Unsere Entdeckungen:

Wir haben herausgefunden, dass …

....
....
....
....
....
....
....

© Verlag an der Ruhr | Autorin: Kira Janello | Illustration: © Anja Boretzki | ISBN 978-3-8346-3789-5 | www.verlagruhr.de

Kinder dieser Erde

© detakstudio – Fotolia.com

Mein Name: Emma Manol

Mein Geschlecht: weiblich

Ich bin   9   Jahre alt.

Ich mit meinen Lieblingsanziehsachen

Meine Augenfarbe: blau

Meine Haarfarbe: blond und etwas braun

Meine Lieblingskleidung: mein Badeanzug und mein Neoprenanzug

Mein Heimatland: Australien

Ich spiele gern Netball, das ist ein typisches australisches Ballspiel.

Außerdem gehe ich gerne surfen, denn in Australien haben wir tolle Wellen.

Ich bin sportlich und ein sehr lieber Mensch. Ich streite mich sehr selten.

Das bringt mich zum Lachen: Wenn jemand einen Witz macht und selbst lachen muss.

Das bringt mich zum Weinen: Wenn mich jemand ungerecht behandelt.

Ich kann gut zuhören und mich in andere Menschen hineinversetzen, surfen und meinem

Vater auf dem Bauernhof helfen.

Ich kann nicht so gut streiten und den Streit aushalten.

Mein Lieblingsfest: Weihnachten, das feiern wir am Strand

Mein Lieblingsessen: Fish and Chips

Ich glaube an Gott, der mich immer beschützt.

Ich spreche Englisch und Japanisch.

© Verlag an der Ruhr | Autorin: Kira Janello | Illustrationen: © Katja Hillscher | ISBN 978-3-8346-3789-5 | www.verlagruhr.de

Kinder dieser Erde

Mein Name: Li Ping

Mein Geschlecht: männlich

Ich bin ....10........ Jahre alt.

Ich mit meinen Lieblingsanziehsachen

Meine Augenfarbe: braun

Meine Haarfarbe: schwarz

Meine Lieblingskleidung: meine Schuluniform

Mein Heimatland: China

Ich spiele gern Tischtennis und unser nationales Spiel Mah-Jongg, das ich gerne gerne mit meinen Freunden zusammen spiele.

Ich bin sehr fleißig und lerne gern Neues. Ich bin zielstrebig und möchte später viel Geld verdienen. Dafür übe ich jeden Tag, auch nach der Schule.

Das bringt mich zum Lachen: Ich lache, wenn jemand Grimassen schneidet und mich dabei anguckt.

Das bringt mich zum Weinen: Wenn es meiner Familie schlecht geht.

Ich kann gut Dinge am Computer programmieren. Außerdem kann ich mir gut Dinge merken, die ich gelernt habe.

Ich kann nicht so gut mit Langeweile umgehen und nichts tun.

Mein Lieblingsfest: das Neujahrsfest, an dem wir die bösen Geister vertreiben

Mein Lieblingsessen: Sushi

Ich glaube an Buddha und dass ich wiedergeboren werde.

Ich spreche Chinesisch und Englisch.

© Verlag an der Ruhr | Autorin: Kira Janello | Illustrationen: © Katja Hillscher | ISBN 978-3-8346-3789-5 | www.verlagruhr.de

© romantiche – Fotolia.com

Kinder dieser Erde

© romantiche – Fotolia.com

Mein Name: Farid Ariz

Mein Geschlecht: männlich

Ich bin ....10........ Jahre alt.

Ich mit meinen Lieblingsanziehsachen

Meine Augenfarbe: braun

Meine Haarfarbe: dunkelbraun

Meine Lieblingskleidung: mein weißes Hemd

Mein Heimatland: Afghanistan

Ich spiele gern mit meinen Freunden auf den Feldern Verstecken und Fangen.

Leider geht das seit dem Krieg nicht mehr so gut.

Ich bin eigentlich ein lustiges Kind und liebe es, draußen mit Freunden zu spielen.

Seit dem Krieg bin ich jedoch sehr ängstlich und vorsichtig.

Das bringt mich zum Lachen: Ich lache, wenn ich meinen Drachen in der Luft tanzen sehe

und alles um mich herum vergessen kann.

Das bringt mich zum Weinen: die Gewalt und der Krieg

Ich kann gut Drachen basteln und sie hoch in die Luft steigen lassen.

Ich kann nicht so gut entspannen und nicht an die Gewalt und den Krieg denken.

Mein Lieblingsfest: das Opferfest, an dem wir ein Tier, meistens eine Ziege, opfern und das

Fleisch an die armen Menschen verteilen

Mein Lieblingsessen: Ziegenfleisch und Bata, das ist klebriger Reis

Ich glaube an Allah und den Islam.

Ich spreche Paschtunisch und Persisch.

© Verlag an der Ruhr | Autorin: Kira Janello | Illustrationen: © Katja Hillscher | ISBN 978-3-8346-3789-5 | www.verlagruhr.de

Kinder dieser Erde

Mein Name: Sochyeta Khon

Mein Geschlecht: weiblich

Ich bin 9 **Jahre alt.**

Ich mit meinen Lieblingsanziehsachen

Meine Augenfarbe: braun

Meine Haarfarbe: schwarz

Meine Lieblingskleidung: mein Kleid, das noch keine Löcher hat

Mein Heimatland: Kambodscha

Ich spiele gern mit meinen Freunden Fingerspiele und Klatschspiele, denn wir haben nicht viele Spielsachen, weil die viel Geld kosten.

Ich bin sehr fleißig und versuche, noch besser im Nähen zu werden, damit ich bald meine Eltern unterstützen und auch in der Kleidungsfabrik arbeiten kann.

Das bringt mich zum Lachen: Wenn ich mit meinen Freunden spiele.

Das bringt mich zum Weinen: Wenn meine Eltern traurig sind, weil wir nicht so viel Geld haben.

Ich kann gut nähen, denn das habe ich mir von meiner Mutter abgeguckt.

Ich kann nicht so gut lesen und schreiben, weil ich nur ein Jahr zur Schule gehen konnte.

Mein Lieblingsfest: das Totenfest Pchun Ben, an dem wir in den Tempel gehen und Essen für die Toten opfern

Mein Lieblingsessen: gebratener Reis mit Gemüse

Ich glaube an Buddha.

Ich spreche Khmer und Vietnamesisch.

© romantiche – Fotolia.com

© Verlag an der Ruhr | Autorin: Kira Janello | Illustrationen: © Katja Hillscher | ISBN 978-3-8346-3789-5 | www.verlagruhr.de

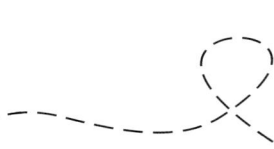

Kinder dieser Erde

Mein Name: Lucia Sanchez

Mein Geschlecht: weiblich

Ich bin 9 **Jahre alt.**

Ich mit meinen Lieblingsanziehsachen

Meine Augenfarbe: grün

Meine Haarfarbe: hellbraun

Meine Lieblingskleidung: mein rotes Kleid

Mein Heimatland: Spanien

Ich spiele gern Fußball in einer Mädchenmannschaft und wir gewinnen viele Spiele. Außerdem spiele ich gerne Playstation oder XBox.

Ich bin sportlich und immer gern draußen. Außerdem bin ich witzig und traue mich, viele Dinge zu machen.

Das bringt mich zum Lachen: Wenn jemand Quatsch macht.

Das bringt mich zum Weinen: Wenn ich etwas Trauriges im Internet sehe und wenn mich meine kleine Schwester ärgert.

Ich kann gut malen und basteln.

Ich kann nicht so gut kochen.

Mein Lieblingsfest: Ostern, an dem wir ganz lange aufbleiben dürfen und auf die Osterprozession gehen

Mein Lieblingsessen: Paella

Ich glaube an Gott und bin katholisch.

Ich spreche Spanisch und etwas Englisch.

© Verlag an der Ruhr | Autorin: Kira Janello | Illustrationen: © Katja Hillscher | ISBN 978-3-8346-3789-5 | www.verlagruhr.de

© detakstudio – Fotolia.com

Kinder dieser Erde

Mein Name: Zac Shaw

Ich mit meinen Lieblingsanziehsachen

Mein Geschlecht: männlich

Ich bin 11 Jahre alt.

Meine Augenfarbe: blau

Meine Haarfarbe: blond

Meine Lieblingskleidung: meine Cap und meine Umhängetasche

Mein Heimatland: die USA

Ich spiele gern Football in meiner Schulmannschaft. Außerdem spiele ich gern Computerspiele.

Ich bin sehr sportlich und bin am liebsten den ganzen Tag mit meinen Freunden auf dem Sportplatz.

Das bringt mich zum Lachen: Wenn jemandem ein Missgeschick passiert, muss ich immer lachen, auch wenn ich weiß, dass es manchmal gemein ist.

Das bringt mich zum Weinen: Wenn wir ein Footballspiel verlieren.

Ich kann gut Football spielen und ich bin ein schneller Läufer.

Ich kann nicht so gut verlieren.

Mein Lieblingsfest: Thanksgiving, an dem wir einen riesigen Truthahn essen

Mein Lieblingsessen: Hamburger

Ich glaube an gar nichts.

Ich spreche Englisch.

© Verlag an der Ruhr | Autorin: Kira Janello | Illustrationen: © Katja Hillscher | ISBN 978-3-8346-3789-5 | www.verlagruhr.de

© DR – Fotolia.com

Kinder dieser Erde

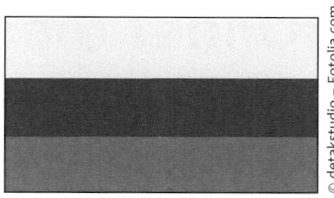

Mein Name: Alexandra Popow

Mein Geschlecht: weiblich

Ich bin ......9...... Jahre alt.

Ich mit meinen Lieblingsanziehsachen

Meine Augenfarbe: blau

Meine Haarfarbe: blond

Meine Lieblingskleidung: mein Rüschenkleid mit den hohen Schuhen

Mein Heimatland: Russland

Ich spiele gern mit meinen Freundinnen Prinzessin.

Ich bin sehr ehrgeizig und möchte die Beste im Eiskunstlaufen sein.

Das bringt mich zum Lachen: Wenn ich lustige Filme gucke.

Das bringt mich zum Weinen: Wenn ich Angst habe oder jemand gemein zu mir ist.

Ich kann gut Eiskunstlaufen und Pirouetten drehen.

Ich kann nicht so gut Ballspiele, denn ich habe Angst vor dem Ball.

Mein Lieblingsfest: unser Weihnachtsfest, das feiern wir am 7. Januar

Mein Lieblingsessen: Piroggen, das sind gefüllte Teigtaschen

Ich glaube an Gott und gehöre dem russisch-orthodoxen Glauben an.

Ich spreche Russisch.

© Verlag an der Ruhr | Autorin: Kira Jonello | Illustrationen: © Katja Hillscher | ISBN 978-3-8346-3789-5 | www.verlagruhr.de

© detakstudio – Fotolia.com

Kinder dieser Erde

Mein Name: Bilaad Abla

Mein Geschlecht: männlich

Ich bin 10 **Jahre alt.**

Meine Augenfarbe: braun

Meine Haarfarbe: schwarz

Ich mit meinen Lieblingsanziehsachen

Meine Lieblingskleidung: mein buntes Gewand, das meine Mama genäht hat.

Mein Heimatland: Tansania

Ich spiele gern Fußball und das Spiel Bao.

Ich bin ein sehr guter Fußballspieler und möchte Profifußballer werden und ganz viel Geld verdienen. Dann kann ich meine Familie unterstützen.

Das bringt mich zum Lachen: Wenn ich mit meinem Vater auf dem Feld arbeite und jemand einen Witz erzählt.

Das bringt mich zum Weinen: Dass ich nicht in die Schule gehen kann, weil es in meinem Dorf keine Schule gibt und meine Eltern sehr arm sind.

Ich kann gut Fußball spielen und ich bin ein schneller Läufer.

Ich kann nicht so gut rechnen, weil ich nicht zur Schule gehen kann.

Mein Lieblingsfest: das Fest Eid ul-Fitr, da dürfen wir nach dem Fasten (Ramadan) endlich wieder bei Tag essen und trinken

Mein Lieblingsessen: gebratener Reis mit Gemüse

Ich glaube an Allah und den Islam. In meinem Land leben aber auch viele Christen.

Ich spreche Suaheli.

© Verlag an der Ruhr | Autorin: Kira Janello | Illustrationen: © Katja Hillscher | ISBN 978-3-8346-3789-5 | www.verlagruhr.de

© panya – Fotolia.com

So sind wir und so sind Kinder aus anderen Ländern (1/2)

Namen: ....

Vergleicht euch mit dem Kind aus einem anderen Land und schreibt
auf, worin ihr euch unterscheidet und worin ihr euch ähnlich seid.

	stimmt überein ✔	stimmt nicht überein ✗
Unser Aussehen: *(Geschlecht, Alter, Augen- und Haarfarbe)*	☐	☐
Die Kleidung:	☐	☐
Das Heimatland:	☐	☐
Die Hobbys: *(Spiele, Sport ...)*	☐	☐
Der Charakter: *(Ich bin ...)*	☐	☐
Die Gefühle: *(Das bringt mich zum Lachen/Weinen ...)*	☐	☐
Die Stärken: *(Das kann ich gut)*	☐	☐
Die Schwächen: *(Das kann ich nicht so gut)*	☐	☐

© Verlag an der Ruhr | Autorin: Kira Janello | Illustrationen: © Katja Hillscher | ISBN 978-3-8346-3789-5 | www.verlagruhr.de

So sind wir und so sind Kinder aus anderen Ländern (2/2)

Namen: ....

		stimmt überein ✔	stimmt nicht überein ✗

Die Feste:

....

.... ☐ ☐

Das Essen:

....

.... ☐ ☐

Die Religion:

....

.... ☐ ☐

Die Sprache:

....

.... ☐ ☐

Unsere Entdeckungen:

Wir haben herausgefunden, dass …

....

....

....

....

....

....

....

....

© Verlag an der Ruhr | Autorin: Kira Janello | Illustration: Anja Boretzki (Lupe), © Katja Hillscher (Weltkugel) | ISBN 978-3-8346-3789-5 | www.verlagruhr.de

Ich und ich nicht!

Spiel zur aktiven Erfahrung der Zugehörigkeit zur Mehrheit und Minderheit

Kompetenzerwartungen:

Die Schüler

❭ lernen die Begriffe „Minderheit" und „Mehrheit" kennen und anzuwenden,

❭ vertiefen die Bedeutung von Gemeinsamkeiten und Unterschieden der Weltbevölkerung,

❭ versetzen sich in die Gefühlslage zur Zugehörigkeit von Minderheiten und Mehrheiten,

❭ fördern ihre Akzeptanz und Toleranz anderen Menschen gegenüber.

Illustration: © Katja Hillscher

Verlauf	Sozialform	Materialliste
Vorbereitung		
Die Unterrichtseinheit ist auf eine Schulstunde (45-60 Minuten) ausgelegt: ▶ Hängen Sie die zwei Schilder (Ich!/ Ich nicht!, S. 28) an gegenüberliegenden Seiten im Klassenraum auf. ▶ Räumen Sie die Tische, Taschen und Stühle der Kinder zur Seite, damit eine große Spielfläche entsteht. ▶ Legen Sie die Aussagen (S. 28) und die Schilder Mehrheit/ Minderheit (S. 28) griffbereit hin. Die Aussagesätze können Sie nach Belieben umändern. Die Liste gilt nur zur Orientierung (es wäre gut, wenn Aussagen dabei sind, die dazu führen, dass sich eine Minderheit bzw. Mehrheit bildet).		☐ Schilder: Ich/Ich nicht! (S. 28) ☐ Schilder: Mehrheit/Minderheit (S. 28) ☐ Aussageblatt (S. 28)
Einstieg		
Treffen Sie sich mit Ihrer Klasse im Sitzkreis und erklären Sie den Spielablauf. ▶ *Wir spielen jetzt ein Spiel, bei dem ihr euch zuordnen müsst.* ▶ *Es gibt zwei Seiten, die mit Schildern gekennzeichnet sind (Ich!/Ich nicht!).* ▶ *Ich werde gleich Sätze vorlesen. Wenn der Satz auf dich zutrifft, stelle dich auf die Seite „Ich!".* ▶ *Wenn der Satz nicht zutrifft, stelle dich auf die Seite „Ich nicht!".* ▶ *Vor jedem neuen Satz, stellt ihr euch in die Mitte der Klasse.* ▶ *Es wird nicht gerannt.* ▶ *Beispiel: Mein Lieblingsfach ist Kunst.* Spielen Sie das Beispiel durch Aufzeigen einmal durch.	Sitzkreis/ Plenum	☐ Schilder: Ich/Ich nicht! ☐ Aussageblatt
Arbeitsphase		
Die Klasse stellt sich in die Mitte des Klassenraums. Sie lesen den ersten Aussagesatz vor, die Kinder verteilen sich auf die beiden Seiten. Wiederholen Sie dies mit den anderen Sätzen. Regen Sie die Kinder zum Nachdenken an, indem Sie versprachlichen, was sie gerade sehen.	Spiel im Plenum	☐ Schilder: Ich/Ich nicht! ☐ Aussageblatt
Reflexion		
Treffen Sie sich wieder mit der Klasse im Sitzkreis. Fragen Sie: ▶ *Warum habt ihr euch nicht immer auf die gleiche Seite gestellt?* Wiederholen Sie gemeinsam mit den Kindern das zuvor Gelernte (Einheit 1), dass es auch in der eigenen Klasse viele Gemeinsamkeiten gibt und doch jedes Kind anders ist.	Sitzkreis/ Plenum	☐ Schilder: Mehrheit/Minderheit ☐ Forscherfrage

Verlauf	Sozialform	Materialliste
Legen Sie nun die Schilder Mehrheit und Minderheit (S. 28) als stummen Impuls in die Kreismitte. Besprechen Sie mit der Klasse die Bedeutung der Wörter und was diese mit dem zuvor gespielten Spiel zu tun haben. Stellen Sie die Forscherfrage (S. 28) und legen Sie diese in die Kreismitte. ▸ *Wie fühlt es sich an, zur Mehrheit oder zur Minderheit zu gehören?* Lassen Sie die Kinder nun von ihren Erfahrungen und Gefühlen berichten, wie es sich angefühlt hat, zur Mehrheit oder Minderheit zu gehören. Regen Sie die Kinder in Form eines Ausblicks (*Wie ist das mit den Minderheiten und Mehrheiten auf der ganzen Welt? Wie fühlen sich diese Menschen?*) dazu an, wie sich Minderheiten weltweit fühlen.		

Forscherfrage ✂	Schilder	Aussagen

Wie fühlt es sich an, zur Mehrheit oder zur Minderheit zu gehören?

Ich!

Ich nicht!

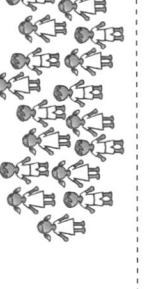 

Mehrheit

Minderheit

Ich und ich nicht!

Beispiele für mögliche Aussagen

- Wer spielt gerne Basketball?
- Wer hat mehr als drei Geschwister?
- Wer ist in Deutschland geboren?
- Wessen Vater oder Mutter kommen aus einem anderen Land?

- Wer ist Linkshänder?
- Wer ist schon einmal in einem anderen Land zur Schule gegangen?
- Wessen Lieblingsgericht ist Pizza?
- Wer mag keine Pommes?
- Wer ist Vegetarier?

© Verlag an der Ruhr | Autorin: Kira Janello | Illustrationen: © Katja Hillscher | ISBN 978-3-8346-3789-5 | www.verlagruhr.de

Illustrationen: © Katja Hillscher

Einheit 3:

Wo fühle ich mich sicher und was brauche ich zum Leben?

Die menschlichen Grundbedürfnisse

Kompetenzerwartungen:

Die Schüler

❯ lernen die menschlichen Grundbedürfnisse kennen,

❯ verstehen die Notwendigkeit der menschlichen Grundbedürfnisse weltweit,

❯ setzen die menschlichen Grundbedürfnisse mit ihrem eigenen Leben in Bezug.

Verlauf	Sozialform	Materialliste
Vorbereitung		
Die Unterrichtseinheit ist auf eine Schulstunde (45–60 Minuten) ausgelegt: ▶ Kopieren Sie die Einzelarbeitsblätter (S. 33) im Klassensatz und die Partnerarbeitsblätter (S. 33) im halben Klassensatz. ▶ Kopieren Sie ebenfalls die Bilder der menschlichen Grundbedürfnisse (S. 39) sowie die Sonne und Sonnenstrahlen (S. 32). Vergrößern Sie diese und schneiden Sie diese aus.		☐ Sonne, groß, ohne Strahlen (S. 32) ☐ Sonne: Ich brauche … (S. 33) ☐ Sonne: Wir brauchen … (S. 33) ☐ Bilder Grundbedürfnisse (S. 34) ☐ Sonnenstrahlen Grundbedürfnisse (S. 32) ☐ ggf. Filzstift ☐ Definition Grundbedürfnisse (S. 34)

Verlauf	Sozialform	Materialliste
Einstieg		
Treffen Sie sich mit der Klasse im Sitzkreis. Legen Sie die Sonne ohne Strahlen (S. 32) in die Sitzkreismitte. Lassen Sie einzelne Schüler Beispiele nennen. Erläutern Sie den Arbeitsauftrag: *Überlegt euch in Einzelarbeit, was ihr zum Leben braucht. Füllt die Sonne wie eine Mindmap aus. Benutzt dafür die Strahlen der Sonne. Wenn ihr das Signal hört, trefft euch in Partnergruppen (Schüler können Partner frei wählen oder Sie teilen ein oder es wird einfach der Sitznachbar genommen) und vergleicht eure Stichpunkte. Füllt nun gemeinsam eine neue Sonne aus (S. 33) und überlegt, was wirklich lebensnotwendig ist. Wenn ihr damit fertig seid, dürft ihr eure gemeinsamen Stichpunkte Oberbegriffen zuordnen. Abschließend treffen wir uns hier wieder mit eurer Partnersonne im Sitzkreis.*	Sitzkreis/ Plenum	☐ Sonne ohne Strahlen ☐ Sonne: Ich brauche … ☐ Sonne: Wir brauchen … ☐ Sonnenstrahlen Grundbedürfnisse

Verlauf	Sozialform	Materialliste
Arbeitsphase		
Die Schüler arbeiten in Einzelarbeit an ihrem Arbeitsauftrag und überlegen sich, was sie zum Leben brauchen. Nach einiger Zeit lösen Sie die Einzelarbeit auf und die Partnerarbeitsphase beginnt. Die Schüler sollen nun gemeinsam überlegen, welche ihrer genannten Punkte wirklich lebensnotwendig sind, und gemeinsam eine Partnersonne ausfüllen.	Einzelarbeit Partnerarbeit	☐ Sonne: Ich brauche … ☐ Sonne: Wir brauchen …

Verlauf	Sozialform	Materialliste
Differenzierung		
Die Partnergruppen können beginnen, einzelne Begriffe/Stichpunkte zu Oberbegriffen zusammenzufassen.	Partnerarbeit	☐ Sonne: Wir brauchen …

Verlauf	Sozialform	Materialliste
Reflexion		
Die Klasse trifft sich wieder im Sitzkreis. Die Schüler stellen ihre Partnerergebnisse vor. Gemeinsam werden Oberbegriffe gesucht und in die Strahlen einer Sonne geschrieben (Sie können auch die Kopiervorlagen verwenden). Nutzen Sie hierbei die Bilder der menschlichen Grundbedürfnisse (S. 34) und legen Sie diese zu den jeweiligen Begriffen. Gleichzeitig diskutieren Sie mit der Klasse, welche genannten Ergebnisse wirklich lebensnotwendig sind und welche nicht. Abschließend definieren Sie die gesammelten Oberbegriffe als menschliche Grundbedürfnisse (S. 34), die jeder Mensch weltweit benötigt, jedoch nicht jeder Mensch hat. Leiten Sie somit die nächsten Einheiten zu geflüchteten Kindern und Familien ein, indem Sie erklären, dass viele der Menschen, die menschliche Grundbedürfnisse haben, in andere Länder flüchten, um dort ein besseres/ sorgenfreies Leben zu haben.	Sitzkreis	☐ Sonne ohne Strahlen ☐ Sonne: Wir brauchen … ☐ ggf. Edding ☐ Sonnenstrahlen Grundbedürfnisse ☐ Bilder Grundbedürfnisse ☐ Definition Grundbedürfnisse

Essen & Trinken

Kleidung

Familie & Freunde

Luft zum Atmen

Frieden (Schutz vor Krieg)

Schutz vor körperlicher Gewalt

Haus & Wohnung

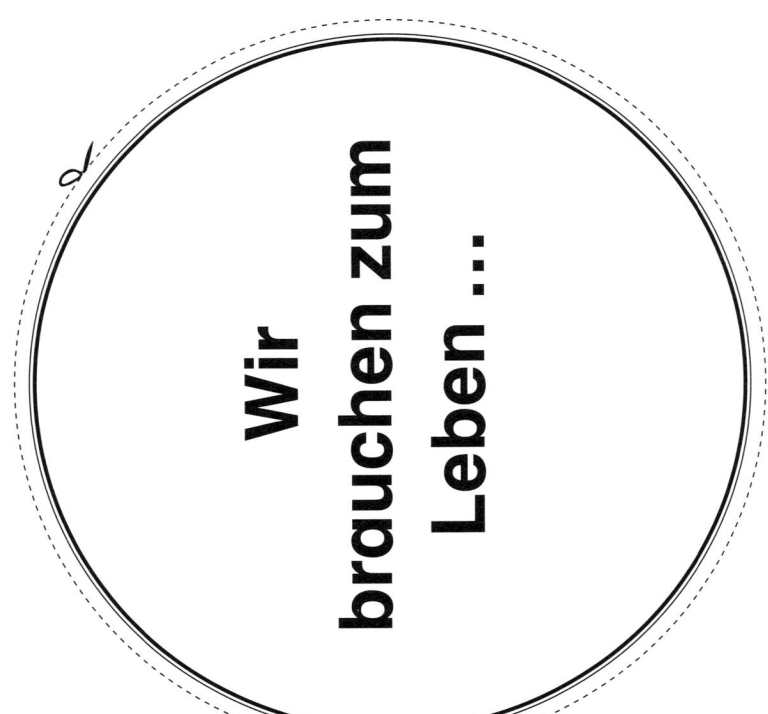

Wir brauchen zum Leben ...

© Verlag an der Ruhr | Autorin: Kira Janello | ISBN 978-3-8346-3789-5 | www.verlagruhr.de

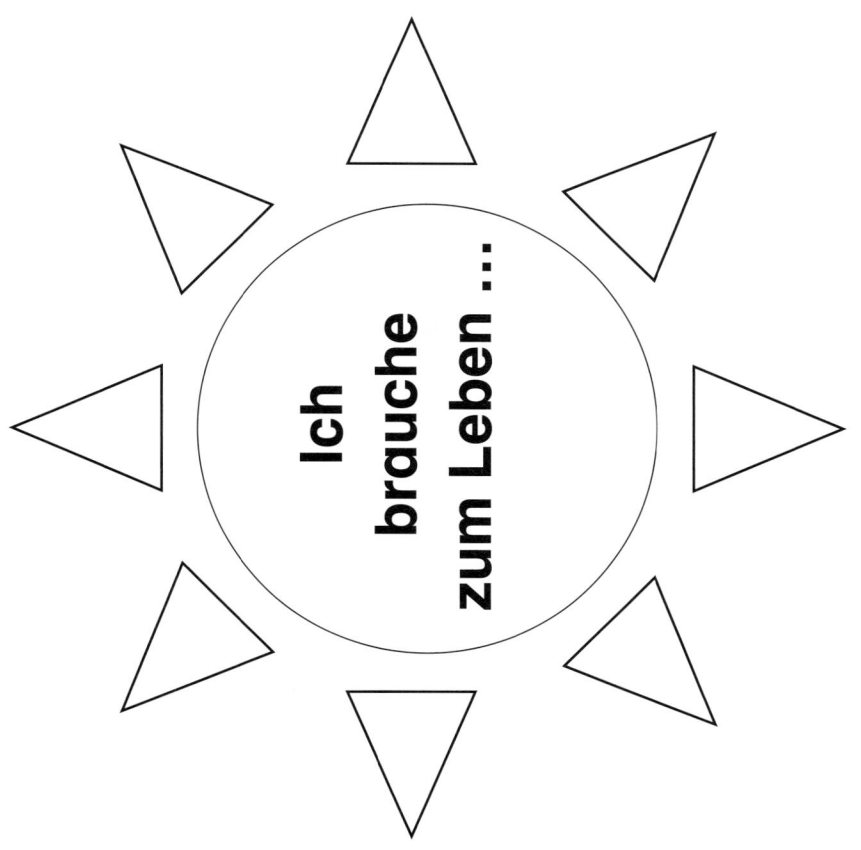

Wir brauchen zum Leben …

Ich brauche zum Leben …

© Verlag an der Ruhr | Autorin: Kira Janello | ISBN 978-3-8346-3789-5 | www.verlagruhr.de

Definition	Überschrift	Bilder Grundbedürfnisse

Die menschlichen Grundbedürfnisse sind die Dinge, die jeder Mensch zum Leben braucht!

Unsere menschlichen Grundbedürfnisse

© Verlag an der Ruhr | Autorin: Kira Janello | Illustrationen: © Katja Hillscher | ISBN 978-3-8346-3789-5 | www.verlagruhr.de

Das weiß ich schon – das möchte ich gern noch wissen!

Standortbestimmung

Kompetenzerwartungen:

Die Schüler

❯ aktivieren ihr Vorwissen,

❯ thematisieren ihre Präkonzepte,

❯ entwickeln ein Interesse für das Thema „Flucht",

❯ nehmen Einfluss auf die weitere Unterrichtsplanung.

Illustrationen: © Katja Hiltscher

Verlauf	Sozialform	Materialliste
Vorbereitung		
Die Unterrichtseinheit ist auf eine Schulstunde (**45 Minuten**) ausgelegt: ▶ Kopieren Sie die Standortbestimmung (S. 38) im Klassensatz. Zusätzlich benötigen Sie leere Karten/Zettel in zwei verschiedenen Farben (Trennstreifen eignen sich sehr gut) im mind. 3-fachen Klassensatz sowie Filzstifte im Klassensatz. ▶ Teilen Sie die Klasse in Gruppen ein. ▶ Kopieren Sie die Reflexionskarten (S. 39) und schneiden Sie sie aus.		☐ AB Das weiß ich schon (S. 38) ☐ Filzstifte ☐ Karten in zwei Farben ☐ Reflexionskarten (S. 39) ☐ Auswertungs-bogen (S. 40)
Einstieg		
Treffen Sie sich mit Ihrer Klasse im Sitzkreis und nehmen Sie Bezug zu den zuvor erarbeiteten menschlichen Grundbedürfnissen. Erklären Sie, dass Menschen fliehen, wenn diese Bedürfnisse nicht mehr befriedigt werden können. Erklären Sie dann den Arbeitsauftrag: ▶ _Bevor wir mit dem Thema „Flucht und geflüchtete Kinder" beginnen, möchte ich gern wissen, was du schon weißt. Mir ist wichtig, dass du dabei allein arbeitest._ Zeigen Sie das Arbeitsblatt (S. 38) und erklären Sie es kurz. ▶ _Wenn du fertig bist, gibst du mir dein Arbeitsblatt._ _Wenn ich das Signal gebe, triffst du dich mit deiner Gruppe_ (gern Gruppentische – Gruppengröße ist variabel, auch Partnerarbeit würde funktionieren) _und ihr sprecht über das, was ihr schon über unser Thema wisst, und schreibt es auf jeweils eine Karte_ (Farbe dazu nennen). _Denkt daran, dass ihr groß schreibt, damit jeder es nachher lesen kann. Wenn ihr damit fertig seid, schreibt alles, was ihr noch wissen möchtet, auf die anderen Karten_ (Farbe nennen). _Aber bitte immer nur eine Frage pro Karte._	Sitzkreis/ Plenum	☐ AB Das weiß ich schon
Arbeitsphase		
Die Kinder füllen die Standortbestimmung aus (regen Sie die Kinder zum Überlegen an und stellen Sie klar, dass es kein Richtig und kein Falsch gibt) und geben sie ab. Danach werden Gruppen gebildet (schnelle Kinder können auch schon eine Gruppe bilden). Die Kinder vergleichen ihr Vorwissen, ergänzen es und schreiben es auf die Karten in der jeweiligen Farbe. Nachdem sie alles dokumentiert haben, nehmen sie die anderen Farbkarten und schreiben auf, was sie gern noch wissen möchten. (Animieren Sie hierbei die Gruppen, ohne zu zögern alles aufzuschreiben).	Einzelarbeit Gruppen-arbeit	☐ AB Das weiß ich schon ☐ Filzstifte ☐ Karten in zwei Farben

Verlauf	Sozialform	Materialliste
Differenzierung		
Kinder, die mit der Standortbestimmung schnell fertig sind, können sich in Einzelarbeit schon überlegen, was sie über das Thema wissen möchten. Alternativ können Sie schnelle Kinder schon in Gruppen zusammenfassen und weiterarbeiten lassen.	Einzel-, Partner-, Gruppenarbeit	☐ Standortbestimmung/AB Das weiß ich schon ☐ Filzstifte ☐ Karten in zwei Farben

Verlauf	Sozialform	Materialliste
Reflexion		
Treffen Sie sich mit der Klasse im Sitzkreis. Legen Sie die Reflexionskarten (S. 39) in die Mitte. Die Gruppen stellen ihre Ergebnisse vor. Gemeinsam sortieren Sie die Karten mit dem Vorwissen der Kinder und ordnen Sie Oberbegriffen zu. Lassen Sie anschließend die Gruppen ihre Fragen zum Thema stellen. Beantworten Sie diese jedoch nicht. Sammeln Sie die Karten ein und hängen Sie diese in der Klasse auf. Der Auswertungsbogen (S. 40) dient im Anschluss dieser Einheit zur Dokumentation des Vorwissens der Klasse und zur Orientierung der Präkonzepte.	Sitzkreis/ Plenum	☐ Reflexionskarten ☐ Filzstift ☐ leere Karten für Oberbegriffe ☐ Fragen der Schüler ☐ Auswertungsbogen

Das weiß ich schon:

Eine geflüchtete Person ist …

....

....

Auf der Flucht zu sein, bedeutet …

....

....

Aus diesen Ländern flüchten Menschen:

....

....

Aus diesen Gründen flüchten Menschen:

....

....

So läuft eine Flucht ab:

....

....

Was passiert mit den geflüchteten Personen in Deutschland?

....

....

Das weiß ich noch …

© Verlag an der Ruhr | Autorin: Kira Janello | Illustration: © Katja Hillscher | ISBN 978-3-8346-3789-5 | www.verlagruhr.de

Reflexionskarten

© Verlag an der Ruhr | Autorin: Kira Janello | Illustrationen: © Katja Hillscher | ISBN 978-3-8346-3789-5 | www.verlagruhr.de

Das weiß ich schon!

Das möchte ich noch wissen!

Auswertung der Standortbestimmung

Namen der Klasse:	… hat Vorwissen im Bereich „Definition einer geflüchteten Person".	… hat Vorwissen im Bereich Bedeutung des Begriffs „Flucht".	… kennt verschiedene Länder, aus denen Menschen fliehen.	… kann Fluchtursachen benennen.	… hat Vorwissen zum Ablauf einer Flucht.	… weiß, was mit geflüchteten Personen in Deutschland passiert.	… hat individuelle Vorerfahrungen mit dem Thema.

© Verlag an der Ruhr | Autorin: Kira Janello | ISBN 978-3-8346-3789-5 | www.verlagruhr.de

Illustration: © Katja Hillscher

Einheit 5:

Geflüchtete Kinder erzählen ihre Geschichten

Expertenarbeit zum Thema „Flucht"

Kompetenzerwartungen:

Die Schüler

> lernen, in Form einer Expertenarbeit sich eigenständig Informationen anhand von Lesetexten und Bildern zu beschaffen und diese in einem Expertenheft zu dokumentieren,

> lernen, wie das Leben der Kinder vor, während und nach der Flucht war und ist, welche unterschiedlichen Fluchtursachen vorhanden waren, welche Gefühle und Ängste die Kinder hatten,

> lernen, sich in die geflüchteten Kinder hineinzuversetzen, und bauen so ein Mitgefühl für diese Kinder auf,

> lernen, mithilfe der zuvor recherchierten Informationen ein Lernplakat zu erstellen.

Verlauf	Sozialform	Materialliste
Vorbereitung Expertenarbeit		
Die gesamte Einheit dauert ca. 8 Unterrichtsstunden (hängt von der Erfahrung und Schnelligkeit der Lerngruppe ab):		☐ Ablaufplan (S. 104)

Die gesamte Einheit dauert ca. 8 Unterrichtsstunden (hängt von der Erfahrung und Schnelligkeit der Lerngruppe ab):

▶ Teilen Sie Ihre Klasse in sieben Gruppen auf. Nutzen Sie dafür gern die KV (S. 106) mit den jeweiligen Gesichtern und Flaggen der Kinder aus den einzelnen Herkunftsländern.

> **Tipp:** Geben Sie jeder Gruppe eine Farbe, sodass sich die Kinder anhand ihrer Gruppenfarben orientieren können und ihre Farbe sowohl bei den Plakaten als auch bei den Expertenmappen wiederfinden.

▶ Führen Sie als Einstiegsritual, das Lied „Worum es geht" ein.

> **Tipp:** Besprechen Sie das Lied und den Text gemeinsam mit den Kindern (dies kann auch erst nach einigen Expertenstunden passieren, nachdem die Kinder schon etwas mehr Hintergrundwissen haben) und lassen Sie die Kinder das Lied auswendig lernen.

▶ Aus eigenen Erfahrungen bietet es sich an, die Lesehefte nur einmal pro Gruppe als Broschüre zu drucken. (Das und die Rolle des „Vorlesers" kann natürlich je nach Lerngruppe abgeändert werden).

▶ Erstellen Sie ein Expertenheft für jede Gruppe (nicht für jedes Kind). Vergrößern und kopieren Sie dazu jeweils pro Gruppe:
- das Deckblatt und das jeweilige Gesicht sowie die Flagge des Landes (S. 105/106),
- den Ablaufplan, der als Strukturierungshilfe dient (S. 104),
- den Informationszettel, wo die Kinder die Informationen recherchieren können (S. 107),
- das Rollenverteilungsblatt, das zur Stärkung des Verantwortungsgefühls der Kinder beiträgt (S. 108),
- die Leitfragen-Arbeitsblätter (S. 109, 111, 113, 116, 120), die für jede Gruppe gleich sind (Ausnahme: Bei der zweiten Expertenarbeit, die Fluchtursachen, hat Selma aus Serbien ein individuelles Leitfragenblatt),
- die Arbeitsblätter zu den vier Forscherfragen (S. 110, 114, 117, 121),
- die Überschriften (S. 124/125) und die Bilder aus den Lesetexten (evtl. Linienblätter) für die Plakate
- die vier Forscherfragen auf jeweils ein DIN-A4-Blatt (S. 123 oder 142/143).
- Zusatzaufgaben (S. 111, 115, 118, 122).

Materialliste:
- ☐ Ablaufplan (S. 104)
- ☐ Zusatzmaterial (Flaggen/Gesichter der Kinder zur Gruppeneinteilung, S. 106)
- ☐ Liedtext und Lied (S. 6)
- ☐ Ergebnisse der Stunde zuvor
- ☐ Expertenheft
- ☐ Lesetexte (S. 46–102)
- ☐ Bildmaterial
- ☐ Kartenmaterial
- ☐ Stifte
- ☐ ABs Leitfragen (S. 109, 111, 113, 116, 120)
- ☐ ABs Forscherfrage (S. 110, 114, 117, 121)
- ☐ Selbsteinschätzungsbogen (S. 144)
- ☐ Zusatzaufgaben (S. 111, 115, 118, 122)
- ☐ Plakate und Material/Stifte/Kleber etc.
- ☐ selbst gemachte Smileys

Verlauf	Sozialform	Materialliste
Tipp: Sie können die Arbeitsblätter schon vorher einheften oder zu jeder Expertenstunde die zwei neuen Arbeitsblätter hinheften lassen. **Zusatz:** Die Musik für das Lied „Worum es geht" kann als Zusatzmaterial auf der Verlagsseite heruntergeladen werden. Der Rap motiviert die Kinder und stimmt sie auf die Expertenarbeit ein.		

Vorbereitung Stunde

Eine Expertenstunde ist auf 45 Minuten bis 90 Minuten angelegt. Die Zeit hängt immer von der Lerngruppe ab und wie viel Erfahrungen die Klasse mit dieser Art des offenen Unterrichts hat. Zusätzlich hängt die Zeit davon ab, ob Sie sich dafür entscheiden, die Plakate nach jeder Expertenstunde für die jeweilige Forscherfrage gestalten zu lassen oder ob sie erst nach den vier Einheiten das Plakat von den Kindern gestalten lassen. **Tipp:** Hierbei ist es hilfreich, wenn Sie das Plakat zuvor in vier Teile unterteilen und den Kindern Überschriften und Bilder zur Verfügung stellen, damit diese ihr Plakat besser strukturieren können. **Tipp:** Aus eigener Erfahrung habe ich den Kindern gern etwas mehr Zeit gelassen, da gerade dieses Thema sehr viel Diskussionsbedarf innerhalb der Gruppen und auch in den Reflexionsphasen mit sich bringt. Nutzen Sie auch hierbei den Selbsteinschätzungsbogen (S. 144), um die Gruppenarbeit zu reflektieren und somit die Methode zu festigen. Erstellen Sie außerdem Smileykarten. Dabei können Sie sich am Selbsteinschätzungsbogen orientieren.		Materialien siehe „Vorbereitung Expertenarbeit"

Einstieg

	Sozialform	Materialliste
Treffen Sie sich mit den Kindern im Sitzkreis und singen Sie zu Beginn jeder Expertenstunde das Lied: „Worum es geht". Wiederholen Sie den Ablauf der Expertenstunde mithilfe der Stundentransparenz. Lassen Sie anschließend die Kinder kurz das zuvor Gelernte mithilfe der Ergebnisse der letzten Stunde wiederholen. Legen Sie die aktuelle Forscherfrage in die Kreismitte und besprechen sie diese (S. 123). Anschließend treffen sich die Expertengruppen eigenständig in ihren Teams.	Sitzkreis	☐ Ablaufplan ☐ Liedtext und Lied ☐ Ergebnisse der Stunde zuvor ☐ Forscherfrage

Verlauf	Sozialform	Materialliste
Arbeitsphase		
Die Schüler arbeiten in ihrem eigenen Lerntempo in den Experten-gruppen und versuchen, die Leitfragen und die Forscherfrage zu beantworten. Für die Suche nach Informationen nutzen die Kinder die Kinder-biografien (Lesetexte) sowie die dazugehörigen Bilder. Durch ein akustisches Signal werden die Kinder aufgefordert, mit dem Selbsteinschätzungsbogen zu beginnen und diesen auszufüllen. (Die Selbsteinschätzung innerhalb der Gruppe ermöglicht es den Schülern, ihre Arbeit zu reflektieren und durch die eigenständige Schülerplanung der nächsten Stunde in der Gruppe zielgerichtet weiterarbeiten zu können.)	Gruppen-arbeit	☐ Expertenheft ☐ Lesetexte ☐ Bildmaterial ☐ Kartenmaterial ☐ Stifte ☐ AB Leitfragen ☐ AB Forscherfrage ☐ Selbsteinschät-zungsbogen
Differenzierung		
Wenn eine Gruppe mit der Beantwortung ihrer Forscherfrage bereits fertig ist, darf sie an den Zusatzaufgaben (S. 111, 115, 118, 122) weiterarbeiten. Als zusätzliche Differenzierung kann die Gruppe anfangen, ihre gesammelten Ergebnisse auf einem Lernplakat zu dokumentieren.		☐ Zusatzaufgaben ☐ Plakate und Material und Stifte/Kleber etc.
Reflexion		
Die Klasse trifft sich wieder im Sitzkreis und wiederholt die aktuelle Forscherfrage. Die gesamte Expertengruppe stellt ihre Ergebnisse vor. **Tipp:** Aus zeitlichen Gründen und aus eigener Erfahrung können pro Expertenstunde nur zwei Gruppen ihre Ergebnis-se vortragen. Achten Sie darauf, dass **jede Gruppe** einmal vortragen kann, und erklären Sie den Schülern, dass jede Gruppe all ihre recherchierten Informationen mit einem Lernplakat der Klasse vorstellen darf. Im Klassengespräch reflektieren Ihre Schüler die gewonnenen Informationen und vergleichen diese miteinander. Regen Sie alle Kinder dazu an, die Gefühle der geflüchteten Kinder aufzugreifen und sich in diese hineinzuversetzen. Reflektieren Sie die Gruppenarbeit mithilfe der Selbsteinschätzungs-bögen (S. 144) im Plenum, die von den jeweiligen Berichterstattern vorgetragen werden, und Smileykarten. Die Klasse gibt bei Proble-men in einzelnen Gruppen Tipps für die Weiterarbeit. Planen Sie die Weiterarbeit gemeinsam mit der Klasse und geben Sie zur Orientierung einen Ausblick auf die nächste Stunde.	Sitzkreis	☐ Forscherfrage ☐ Smileys

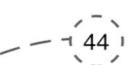

Verlauf		Sozialform	Materialliste
Plakatgestaltung			
Nachdem Sie die Gruppen in der Reflexionsphase noch einmal zum Nachdenken angeregt haben, können die Expertengruppen ihre Plakate gestalten. Geben Sie hierbei den Kindern **Kriterien für die Erstellung** eines Lernplakats mit oder besprechen Sie dies vorher.		Gruppen-arbeit	☐ Plakate und Material/Stifte/Kleber etc.

Adelina aus Albanien

Das Leben in Albanien

Mein Name ist Adelina und ich komme aus Albanien.

Albanien ist ein Land in **Europa**. Es liegt direkt neben Griechenland am **Mittelmeer**. Albanien ist ein schönes Land, denn es hat viele Berge, Seen und Flüsse. Das **Wetter** ist bei uns wärmer als in Deutschland, aber auch nicht zu warm. Ich finde, es ist genau richtig. Es gibt dort viele **Pflanzen** und **Tiere**. Ein ganz besonderes Tier in Albanien ist der Steinadler. Auch Bären gibt es dort noch. Ich habe aber noch keinen gesehen. Eigentlich ist Albanien gar nicht so weit von Deutschland entfernt.

Albanien wäre so ein hübsches Land, wäre da nicht der viele **Müll** und die vielen armen Menschen, zu denen auch meine Familie gehört. In Albanien gibt es keine Müllabfuhr wie in Deutschland, also liegt der ganze Müll auf den Straßen herum. Viele Menschen verbrennen ihren Müll auch und das stinkt ganz schön.

Wir lebten in einem kleinen **Steinhaus** am Rande der Stadt. Wir hatten einen **kleinen Garten**, in dem Mama immer Gemüse anpflanzte. Ich half ihr oft im Garten. Meine Geschwister und ich liebten es, im Garten Verstecken zu spielen.

Mein **Vater** war selten zu Hause, da er viel arbeitete. Er fuhr immer nach Griechenland, um dort zu arbeiten. Ihr müsst wissen, dass es in **Albanien nicht viel Arbeit** für die Menschen gibt. Deshalb gehen sie in ein anderes Land, um dort Geld zu verdienen.

© Verlag an der Ruhr | Autorin: Kira Janello | Illustration: © Katja Hillscher | ISBN 978-3-8346-3789-5 | www.verlagruhr.de

© DR – Fotolia.com

Wir lebten gar nicht weit von der griechischen Grenze entfernt.
Alle paar Wochen kam Papa nach Hause und brachte uns tolle
Geschenke mit. Das Geld, das er uns oft schickte, reichte aus,
um genügend Essen und Trinken zu kaufen.
Wir waren mit unserem Leben zufrieden.

Auch wenn ich meinen Papa nicht so oft sehen konnte, war ich froh,
dass er dort arbeitete, denn das machte ihn glücklich.

Nach der **Schule** spielte ich oft mit meinen Freunden draußen auf den
Wiesen. Wir spielten oft Fangen.

© Verlag an der Ruhr | Autorin: Kira Janello | Illustration: © Katja Hillscher | ISBN 978-3-8346-3789-5 | www.verlagruhr.de

Adelina aus Albanien

Die Gründe für die Flucht

Als Papa eines Tages aus Griechenland kam, erzählte er uns traurig und wütend, dass er seine **Arbeit verloren** hatte.

Von diesem Zeitpunkt an änderte sich alles. Wir **zogen aus** unserem schönen Haus in ein kleines Dorf in Albanien, weil wir uns nichts anderes leisten konnten. Dafür waren wir zu arm. Meine Familie und ich lebten dort in einer **kleinen Holzhütte**. Wir hatten nicht viel, denn mein Vater war von nun an **arbeitslos**. Er wollte so gerne arbeiten, aber in Albanien war es **sehr schwer, Arbeit zu finden**. Für meine Mutter, als Frau, war es noch schwerer. Meine Eltern hatten ein kleines Stück Land neben unserer Hütte, auf dem meine Mutter etwas **Gemüse anpflanzte**. Wir hatten auch eine **Ziege**, die uns manchmal Milch gab. Ich kann mich noch gut daran erinnern, dass ich immer **hungrig war**. Mein kleiner Bruder Enis schrie, weil er nie satt wurde. Keiner wurde satt. Meine Mutter weinte oft, weil sie nicht wusste, wie sie für den nächsten Tag etwas zu essen besorgen sollte. Ihr müsst wissen, auch wenn Albanien ein sehr armes Land ist, ist das **Leben** dort **teuer**.

Ich war **froh**, wenn ich in der **Schule** war, denn ich wollte ganz **viel lernen**, damit meine Familie und ich später nicht mehr so arm sind. **Zeit zum Spielen** hatte ich nur noch in den Pausen in der Schule, denn zu Hause half ich meinen Eltern und fuhr mit Papa auf dem Fahrrad öfter in die Stadt, auf der Suche nach **Gelegenheitsjobs** oder etwas zu essen.

Unser Leben wurde immer schwerer. Ich hatte das Gefühl, dass wir von Tag zu Tag weniger Essen hatten. Auch meine **Kleidung** hatte viele Löcher und war kaputt. Früher hätte mein Vater uns neue Kleidung aus Griechenland mitgebracht, aber dafür hatten wir nun nicht mehr das nötige Geld.

© Verlag an der Ruhr | Autorin: Kira Janello | Illustration: © Katja Hillscher | ISBN 978-3-8346-3789-5 | www.verlagruhr.de

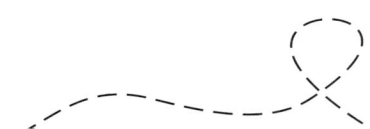

Eines Tages wurde mein **Bruder Enis** sehr krank und musste ins **Krankenhaus**. Meine Eltern machten sich große Sorgen, denn sie hatten **kein Geld**, um das Krankenhaus und die **Ärzte zu bezahlen**. Also mussten sie mit Enis wieder gehen. Ich hatte große Angst um ihn. Ich beobachtete Mama und Papa oft, wie sie weinten und nicht wussten, wie sie Enis helfen konnten. Ich war auch sehr **traurig**.

Als es Enis immer schlechter ging, beschlossen meine Eltern, in ein anderes Land zu **fliehen**. Sie hatten gehört, dass es den Menschen in **Deutschland** sehr gut ginge und jeder Mensch dort im Krankenhaus verarztet wird. Also entschieden sie sich, nach Deutschland zu fliehen, damit **Enis** dort **operiert** werden konnte und wir dort ein besseres Leben ohne Hunger haben würden.

© Verlag an der Ruhr | Autorin: Kira Janello | Illustration: © Katja Hillscher | ISBN 978-3-8346-3789-5 | www.verlagruhr.de

Adelina aus Albanien

Die Flucht

Wir **packten** das Wichtigste in unsere **Reisetaschen**.
Ich war sehr **traurig**, denn alles, was ich gerne
mitgenommen hätte, durfte ich nicht einpacken.
Wir brauchten Platz für Wasser, etwas
Lebensmittel und warme Anziehsachen.

Ich war auch traurig, weil ich meine
Freundinnen in der Schule nicht mehr
sehen konnte. Aber die Gesundheit
meines kleinen Bruders war mir wichtiger.

Mein Vater kaufte mit Geld, das er sich von
unserem Onkel geliehen hatte, Tickets für ein
Schiff nach Italien. Ich war sehr aufgeregt und hatte
Angst, was auf der Flucht passieren würde.

In **Italien** angekommen, **liefen** wir mit ganz vielen anderen
geflüchteten Menschen gemeinsam einsame **Straßen entlang**.
Mir taten die Füße so weh. Nachts **schliefen** wir **unter Bäumen**,
eng zusammengekuschelt. Wir waren nun schon mehrere Wochen
unterwegs, bis wir in einer kleinen Stadt ankamen und dort zu einem
Bahnhof liefen.

Dort stiegen wir mit allen anderen geflüchteten Menschen in einen
Zug, der uns nach **Österreich** bringen sollte. Papa hatte **kein Geld**
mehr für **Tickets**. Also versteckten wir uns im Zug und hofften, dass
uns kein Kontrolleur findet. Ich hatte große **Angst** und kuschelte
mich an meine Mutter, die den weinenden Enis auf ihrem Arm hielt.
Wir hatten großes Glück und kamen in Österreich **ohne eine Kontrolle** an. Dort lernten wir einen Lastwagenfahrer aus Albanien
kennen, der uns über die Grenze nach Deutschland bringen wollte.
Wir stiegen hinten in den **Lastwagen** ein und es war dunkel und
holprig. Wir mussten dem Mann vertrauen, auch wenn wir ihn gar
nicht kannten. Die **Fahrt dauerte sehr lange** und ich hatte so
starken Hunger, denn wir hatten seit Tagen nichts mehr gegessen.

© Verlag an der Ruhr | Autorin: Kira Janello | Illustration: © Katja Hillscher | ISBN 978-3-8346-3789-5 | www.verlagruhr.de

Nach einer Weile schlief ich im Arm meines Vaters ein und als
ich aufwachte, waren wir tatsächlich im **sicheren Deutschland**
angekommen.

© Verlag an der Ruhr | Autorin: Kira Janello | Illustration: © Katja Hillscher | ISBN 978-3-8346-3789-5 | www.verlagruhr.de

Adelina aus Albanien

Die Ankunft in Deutschland

Meine Eltern entschieden sich, direkt zur **Polizei** zu gehen, damit Enis schnell geholfen werden konnte. Ihr müsst wissen, dass wir ohne eine **Aufenthalts-erlaubnis** nicht in Deutschland sein dürfen. Die Polizisten brachten uns in ein **Flüchtlingslager**, wo fremde Menschen unsere Namen und vieles mehr von uns wissen wollten. Dort blieben wir nur für kurze Zeit, denn wir wurden in eine **andere kleinere Stadt** gebracht. Enis wurde operiert.

Ihm ging es wieder gut und auch Mama strahlte wieder. Wir hatten nun **Essen** und **Trinken** und wohnten mit vielen anderen geflüchteten Menschen in **großen Zelten** zusammen. Ich war so glücklich. Doch wir wussten nicht, wie lange wir in Deutschland **bleiben durften**.

Auch wenn ich noch kein Deutsch verstand, ging ich sehr schnell in eine **deutsche Schule**. Zuerst war es sehr schwer für mich, neue Freunde zu finden, denn ich verstand niemanden. Das **Schulge-bäude** war so **groß**. Ich musste ganz dringend zur Toilette, aber wo waren diese? Ich konnte niemanden fragen. Zum Glück konnte ich meiner neuen Lehrerin zeigen, dass ich auf die Toilette musste und eine Mitschülerin zeigte mir den Weg. Ich lernte von Tag zu Tag immer mehr neue deutsche Wörter. Wenn ich nach Hause in die **Flüchtlingsunterkunft** kam, brachte ich Mama und Papa diese Wörter bei, damit sie auch Deutsch lernten.

In der Schule habe ich auch **Freundinnen** gefunden. Jana und Julia sind meine neuen Freundinnen. Wir spielen jede Pause zusammen und **sie helfen mir**, wenn ich etwas nicht verstehe.

Als ich eines Tages nach Hause kam, weinte Mama, und Papa sah auch **sehr traurig** aus. Sie hatten einen **Brief** vom Amt bekommen, dass wir nicht länger in Deutschland bleiben dürften, da in unserem Land kein Krieg herrschte und wir somit nicht bedroht wären.

© Verlag an der Ruhr | Autorin: Kira Janello | Illustration: © Katja Hillscher | ISBN 978-3-8346-3789-5 | www.verlagruhr.de

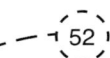

Ich wurde **wütend**. Richtig wütend. Wer auch immer diese Menschen vom Amt waren, wussten sie denn gar nicht, wie schlecht es uns in Albanien ging? Wir haben gehungert, Enis war krank und konnte dort nicht verarztet werden. Unser Leben war bedroht.

Daraufhin trafen sich Mama und Papa mit den Menschen vom Amt und erzählten ihnen von unserem Leben in Albanien und wie viel Hunger wir dort gehabt haben. **Enis** musste auch weiterhin regelmäßig zu **Untersuchungen** ins Krankenhaus und das konnten meine Eltern sich in Albanien nicht leisten.

Die Frau vom Amt beruhigte meine Eltern und versprach ihnen, alles zu versuchen, dass unsere Familie im sicheren Deutschland bleiben könnte.

Seit diesem Tag hoffe ich, dass wir nicht wieder zurückmüssen.

© Verlag an der Ruhr | Autorin: Kira Janello | Illustration: © Katja Hillscher | ISBN 978-3-8346-3789-5 | www.verlagruhr.de

Ayana aus Eritrea

© panya – Fotolia.com

Das Leben in Eritrea

Mein Name ist Ayana und ich komme aus Eritrea.

Eritrea ist ein **afrikanisches Land**, das am **Roten Meer** liegt. Das Rote Meer ist nicht wirklich rot, sondern nur so besonders, weil das Wasser so viel Salz enthält. Mein Land besteht zum einen aus einer heißen und trockenen **Wüste** und zum anderen aus einem großen Gebirge, das höher als die Wüste liegt und in dem sich die meisten Städte befinden. So auch unsere Hauptstadt **Asmara**. Trotzdem ist es hier sehr heiß und staubig.

Eritrea ist ein **kleines** und **sehr armes Land** und es gibt von Jahr zu Jahr mehr Menschen. Das fiel mir vor allem auf, wenn ich mit meinen Eltern in die Stadt gefahren bin. Auf den Straßen und in den Bussen war ein riesengroßes Gedränge.

Wir sprechen in Eritrea **neun Sprachen**. Wir haben keine allgemeine Sprache, die alle sprechen, so wie in Deutschland. Viele Menschen können **Arabisch** und so können sie sich untereinander verständigen.

Meine Familie und ich lebten am Rande der Wüste in einer größeren Stadt. Das Leben dort war nicht immer leicht. Es war sehr heiß und trocken. An manchen Tagen war es so **staubig**, dass wir nicht auf die Straße gehen konnten. Ich erinnere mich noch an unsere **Hütte**. Sie bestand nur aus einem Raum und war auch von innen sehr staubig, weil die Wände so viele Löcher hatten, dass sie Luft und Staub durchließen. Aber in unserer Straße sahen alle Häuser so aus. Strom hatten wir nicht und Wasser mussten wir aus einem **Brunnen** in der Mitte des Viertels holen und nach Hause tragen.

© Verlag an der Ruhr | Autorin: Kira Janello | Illustration: © Katja Hillscher | ISBN 978-3-8346-3789-5 | www.verlagruhr.de

Die **Schule** konnte ich nicht besuchen. Die Hälfte aller Kinder kann in Eritrea nicht zur Schule gehen. Es gibt nicht so viele Schulen und nur die reichen Kinder dürfen dorthin gehen. Tagsüber half ich meiner Mutter, ging mit ihr zum Markt und verdiente mir durch **kleine Jobs** ein bisschen Geld. Manchmal putzte ich Schuhe, trug den Leuten die Taschen mit Einkäufen oder passte auf Ziegen und Esel auf. Zu Hause spielte ich meistens **Fangen** mit meinen Freunden. Sie gingen auch alle nicht zur Schule. Leider konnten meine Eltern mir auch nicht Lesen und Schreiben beibringen, denn sie hatten es beide auch nie gelernt.

Mein Vater erzählte mir, dass wir in Eritrea sehr viele große und schöne **Tiere** haben, wie Geparde, Leoparden oder Antilopen. Ich habe noch nie solche Tiere gesehen, denn da, wo ich herkomme, gibt es nicht einmal genug Wasser zum Trinken für alle Menschen, wie sollen da die Tiere überleben?

© Verlag an der Ruhr | Autorin: Kira Janello | Illustration: © Katja Hillscher | ISBN 978-3-8346-3789-5 | www.verlagruhr.de

Ayana aus Eritrea

Gründe für die Flucht

Eines Tages begann sich alles zu verändern. Denn es begann ein schrecklicher **Krieg** mit unserem Nachbarland **Äthiopien**. Die zwei Länder kämpften um den **Zugang zum Roten Meer**. Nicht, weil es so schön ist, dort zu baden, sondern weil wir mit dem Zugang zum Roten Meer viele Lebensmittel an andere Länder verkaufen können, die mit dem Schiff dort hingebracht werden können und Eritrea so Geld verdient. Ich erinnere mich noch an die vielen Männer mit Gewehren und Pistolen.

Während des Krieges hatten wir noch **weniger** Geld und noch weniger **Essen und Trinken** als zuvor. Ich war sehr froh, dass Mama, Papa, meine Geschwister und ich überlebt haben, denn viele Menschen starben in dieser Zeit.

Wir waren sehr glücklich und dachten, dass jetzt alles besser würde. Aber die **Soldaten** waren überall und **kontrollierten** jede Ecke. Manchmal kamen sie sogar in unsere Hütte und durchsuchten unsere Sachen. Das machte mir **große Angst**. Ich war sehr verwundert, dass plötzlich alle Menschen mehr Angst vor den Soldaten aus Eritrea hatten als vor den Soldaten im Krieg. Eritrea hatte nach dem Krieg einen **neuen Herrscher**, das ist so etwas wie ein König, bekommen, der alles bestimmen wollte, und die Soldaten mussten uns alle kontrollieren.

Viele Freunde von meinem Vater oder Väter von meinen Freundinnen wurden einfach mitten in der Nacht verhaftet, ohne dass sie etwas getan hatten. Ich erinnere mich noch an die Frauen und Kinder, die ganz hilflos waren, weil sie weder wussten, warum ihre Männer oder Väter verhaftet wurden, noch, was nun mit ihnen geschehen sollte.

© Verlag an der Ruhr | Autorin: Kira Janello | Illustration: © Katja Hillscher | ISBN 978-3-8346-3789-5 | www.verlagruhr.de

Als meine Mutter eines Tages weinend nach Hause kam, erfuhr ich, dass auch mein **Onkel**, Mamas Bruder, **verhaftet** worden war. Ich dachte an meine kleinen Cousins und Cousinen und hatte plötzlich ganz **große Angst**, dass die Soldaten in der Nacht auch zu uns kommen würden, um Papa mitzunehmen. Mein Papa erklärte mir, dass es nur ausreichen würde, wenn die Soldaten denken würden, dass jemand etwas **gegen das Land** und dessen **Herrscher** hat.

Nachdem nun so viele Männer **unschuldig verhaftet** wurden, entschieden sich meine Eltern, die **Flucht** zu wagen. Ich wusste, dass es sehr gefährlich ist, Eritrea zu verlassen, denn an den Grenzen waren Soldaten, die den Befehl von unserem Herrscher hatten, auf jeden Menschen, der das Land verlassen, wollte, zu schießen.

© Verlag an der Ruhr | Autorin: Kira Janello | Illustration: © Katja Hillscher | ISBN 978-3-8346-3789-5 | www.verlagruhr.de

Ayana aus Eritrea

Die Flucht

Spät in der Nacht packten wir unsere Sachen zusammen.
Wir konnten nicht viel mitnehmen, denn die Soldaten
würden sonst sofort erkennen, dass wir auf der Flucht
sind. Meine Geschwister und ich durften jeder nur
eine Jacke und eine Flasche Wasser einpacken.
Meine Eltern nahmen noch einen **kleinen Beutel
Reis** und unser ganzes **erspartes Geld** mit,
was leider auch nicht so viel war. Ich musste
meinen **kleinen Bruder tragen**, weil Mama
schon meine Schwester auf dem Rücken
hatte. Wir schlichen uns von Hauswand zu
Hauswand und hatten **Angst**, dass die Soldaten
uns entdeckten. Aus der Stadt rausgekommen, mussten
wir einen kleinen **Teil der Wüste durchqueren**, bis wir
nach drei Tagen endlich die Grenze nach Äthiopien erreichten.
Meine **Füße taten so weh** und ich hatte so starken Durst, dass mir
ganz schwindlig wurde.

Wir lauerten in einem Gebüsch, bis es dunkel war. Meine Schwester
weinte und ich hatte so **große Angst**, dass mein ganzer Körper
zitterte. Als die **Soldaten** mit ihren Gewehren gerade nicht hin-
sahen, kletterten wir durch ein kleines Loch im Zaun und hatten
es aus Eritrea rausgeschafft.

Hinter der Grenze, nach einem zweitägigen **Fußmarsch**, kamen wir
in einer Stadt an. Mein Vater verhandelte mit einem **Lastwagenfahrer**, dass er uns auf seiner Ladefläche ein Stück durch die riesige
Wüste mitnahm. Das Verstecken und die Angst, gefunden zu werden,
hatten meine Familie und mich sehr angestrengt und auch bei der
Fahrt mit dem Lastwagen konnten wir uns nicht ausruhen. Es war
eng und laut, denn es fuhren sehr **viele Menschen** mit uns. Bei
jedem Schlagloch flogen wir in die Luft und landeten schmerzhaft
wieder auf der harten Ladefläche. Die **Sonne** war am unerträglichsten.
Den ganzen Tag waren wir ihr ausgesetzt. **Nachts** wurde es dann
sehr kalt. Ich kuschelte mich in meine Jacke und sang meinen
kleinen Geschwistern leise etwas vor.

© Verlag an der Ruhr | Autorin: Kira Janello | Illustration: © Katja Hillscher | ISBN 978-3-8346-3789-5 | www.verlagruhr.de

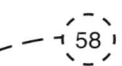

Es wurde eine sehr **lange Reise**. Manchmal fuhren wir mit dem Bus, wanderten und fuhren dann wieder mit Lastwagen. Ich fühlte mich unwohl und hatte keine Kraft mehr. Wir hatten seit **vier Tagen nichts gegessen** und nur wenig getrunken.

Nach vielen Wochen erreichten wir endlich **Libyen am Mittelmeer**. Unser Geld war fast aufgebraucht und wir mussten über eine Woche warten, bis unsere Flucht weiterging. Papa bezahlte mit dem letzten Geld einen Mann, der uns auf ein **Schlauchboot** mit vielen anderen Menschen in Not brachte. Diese Männer heißen **Schlepper**. Ich hatte große Angst vor ihnen.

Als wir auf dem Boot waren, eng aneinander gequetscht, wurde mir klar, dass wir viel zu viele Menschen in diesem **kleinen, wackeligen Boot** waren. Während der Fahrt wäre unser Boot beinahe umgekippt, doch **die italienische Küstenwache** kam uns zu Hilfe und rettete uns.

Wir waren so erleichtert und glücklich, als wir lebend und **am Ende unserer Kräfte** Italien erreichten. Dort wurden wir mit Wasser, Essen und ein paar Decken versorgt und in einen **Zug nach Deutschland** gesetzt. Ich erinnere mich noch an die vielen Berge, als wir in Deutschland ankamen. Wir waren **so glücklich**, es geschafft zu haben. Wir waren endlich in **Sicherheit**!

© Verlag an der Ruhr | Autorin: Kira Janello | Illustration: © Katja Hillscher | ISBN 978-3-8346-3789-5 | www.verlagruhr.de

Ayana aus Eritrea

Ankunft in Deutschland

Wir wurden von den deutschen Polizisten mit einem anderen **Zug** zu einem **Flüchtlingslager** geschickt. Dort kamen alle geflüchteten Menschen hin, die aus ihren Heimatländern in Deutschland ankamen. Hier wurden uns **viele Fragen** gestellt, die wir zuerst nicht verstanden. Zum Glück gab es einen Mann, der Arabisch sprach, mit dem wir uns unterhalten konnten.

Im **Flüchtlingslager** war es **sehr eng**. Es gab nicht genügend Betten für alle. Ich musste mir mit zwei meiner Geschwister ein Bett in einer großen Turnhalle teilen. Trotzdem waren wir so **glücklich**, dass wir endlich in **Sicherheit** waren.

Schnell freundete ich mich mit den **anderen Kindern** im Flüchtlingslager an. Sie kamen aus vielen verschiedenen Ländern und sprachen andere Sprachen, aber wir verstanden uns alle gut und **beim Spielen** braucht man ja auch **nicht so viel zu sprechen**. Vielleicht verstanden wir uns so gut, weil wir alle aus unseren Heimatländern geflohen waren und ähnliche Dinge erlebt hatten. Auch wenn ich das Leben, meine Freunde und unsere Hütte sehr vermisse, bin ich froh, in Deutschland zu sein und **keine Angst** mehr haben zu müssen.

Eines Tages sollte ich in die **Schule** gehen. Ich weiß noch, dass ich mich fürchtete, denn ich war noch nie in einer Schule gewesen. Es war schwer, sich zurechtzufinden, weil ich die Sprache nicht konnte. Ich hatte Angst, weil ich **keine Freunde** hatte und alle anderen waren schon miteinander befreundet. Zum Glück waren ein paar Kinder aus dem Flüchtlingslager auch auf meiner neuen Schule und in den Pausen konnte ich mit ihnen spielen. Trotzdem fühlte ich mich in meiner Klasse nicht wohl.

© Verlag an der Ruhr | Autorin: Kira Janello | Illustration: © Katja Hillscher | ISBN 978-3-8346-3789-5 | www.verlagruhr.de

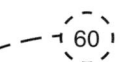

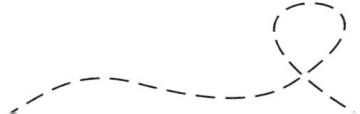

Keiner beachtete mich richtig und ich verstand ihre **Sprache** nicht. Ich wünschte mir so sehr, dass ich den deutschen Kindern erzählen konnte, woher ich komme und warum ich in Deutschland bin. Nach einigen Tagen kam ein **Mädchen** aus meiner Klasse zu mir und sprach plötzlich **Arabisch** mit mir. Ich war so erstaunt, dass ich zuerst nicht antworten konnte. Sie sagte mir, sie hätte heute erst erfahren, dass ich auch Arabisch könnte.

Von diesem Tag an bin ich gern in die Schule gegangen, denn meine neue Freundin Ajla hilft mir sehr. Sie **übersetzt** für mich und ich lerne jeden Tag ein paar neue Begriffe auf Deutsch. Meine **Klassenkameraden** sind sehr interessiert an meinem Land und dem Leben dort.

Durch meine neuen Freunde fing ich an, mich besser zu fühlen. Ich denke noch oft an mein Heimatland, aber ich bin auch glücklich, dass wir in **Sicherheit** sind und wir ein neues Leben ohne Angst und Armut in **Deutschland** beginnen können.

© Verlag an der Ruhr | Autorin: Kira Janello | Illustration: © Katja Hillscher | ISBN 978-3-8346-3789-5 | www.verlagruhr.de

Sinan aus dem Irak

Das Leben im Irak

Ich heiße Sinan und ich komme aus dem Irak. Der **Irak** gehört zur Region des Orients. Vielleicht habt ihr das schon einmal gehört.

Der Irak ist ungefähr so groß wie Deutschland. Es gibt dort ganz viele hohe **Berge**. In vielen Gebieten gibt es **wenig Wasser** und dadurch wachsen dort auch nicht so viele Pflanzen und Wälder und es ist sehr **staubig**. 15 Tage im Jahr gibt es heftige Staubstürme in manchen Teilen des Landes. Dann ist alles vom Staub bedeckt. Wir haben zwei ganz **große Flüsse** und drei große **Seen** im Land, über die wir unser Wasser bekommen. Die Hauptstadt des Irak heißt Bagdad. In Bagdad leben sehr **viele Menschen** eng beieinander.

Ich wohnte in der Stadt **Mossul**. Mossul ist nicht so groß wie die Hauptstadt Bagdad, aber auch nicht so klein. Hier leben viele Menschen und ich wohnte in einem Haus am Stadtrand.

Eigentlich war im Irak schon **immer Krieg**. Zuerst hatte das Land Krieg mit dem **Iran**, seinem **Nachbarland**, und dann lange Zeit mit **den USA**. Ich kann mich noch genau an die vielen Soldaten und Panzer erinnern.

Nach dem Krieg gab es immer noch sehr **viele Verbrechen** und die **Polizei war überfordert** und konnte die Verbrechen gar nicht aufklären. Abends ab neun Uhr konnten wir unser Haus nicht mehr verlassen, da es viel zu gefährlich war. Manchmal wurden meine Familie und ich mitten in der Nacht geweckt, weil jemand wieder ein Auto in die Luft gesprengt hatte. Das machte mir jedes Mal **Angst**, jedoch gewöhnten wir uns nach einiger Zeit an die Zustände im Land.

© Verlag an der Ruhr | Autorin: Kira Janello | Illustration: © Katja Hillscher | ISBN 978-3-8346-3789-5 | www.verlagruhr.de

© romantiche – Fotolia.com

Ich war trotzdem **glücklich**, als ich dort mit meiner ganzen Familie gelebt habe. Wir waren eine **große Familie**, weil meine Eltern so viele Geschwister hatten. Wir wohnten alle nicht weit voneinander entfernt und ich konnte mit meinen Cousins und Cousinen jeden Tag nach der Schule Fußball oder andere **Spiele spielen**. Am liebsten ließen wir unsere selbst gebastelten **Drachen steigen**. Das war ein Riesenspaß und wir rannten den ganzen Nachmittag umher und schlossen Wetten ab, welcher Drache es am höchsten in den Himmel schaffte.

Da mein Vater und auch mein Onkel Lehrer waren, konnten wir alle zu einer **guten Schule** gehen. Ihr müsst wissen, dass es im Irak nicht selbstverständlich ist, in die Schule gehen zu können und lesen, schreiben und rechnen zu lernen. In der Schule mussten wir eine **Schuluniform** tragen. Damit sahen wir alle gleich aus. Ich bin immer sehr gern zur Schule gegangen und mein Lieblingsfach war Mathematik.

Meine Mutter und meine Oma gingen zweimal die Woche zum **Markt**. Manchmal durfte ich sie begleiten. Auf dem Markt herrschte großes Getümmel. **Überall waren Menschen**. Es roch nach Gewürzen und die Verkäufer schrien ihre Angebote durch die Menschenmassen. Ich klammerte mich immer an Mutters Rock fest, damit ich nicht verloren ging. Ich liebte die vielen Farben auf dem Markt. Alles war bunt und leuchtete.

Als ich nach dem Spielen ins Bett musste, kuschelte ich mich an meine Mama auf unser Sofa und sie sang mir schöne Lieder in unserer **Muttersprache** vor. Ich war damals sehr glücklich, bis der Terror durch die Terrorgruppe „IS" begann und sich alles änderte.

© Verlag an der Ruhr | Autorin: Kira Janello | Illustration: © Katja Hillscher | ISBN 978-3-8346-3789-5 | www.verlagruhr.de

Sinan aus dem Irak

Die Gründe für die Flucht

In vielen Teilen des Iraks herrschte zu diesem Zeitpunkt die **Terrorgruppe „IS"**. Diese Gruppe ist sehr gefährlich und möchte alle Menschen im Irak **zwingen**, ihrer **Religion** anzugehören. Wenn du ihr nicht gehorchst oder einem anderen Glauben angehörst, **verfolgen** sie dich. Manchmal bombardieren sie auch einfach so Städte, um die Macht an sich zu reißen. Jeder, den ich kenne, hat große **Angst** vor dieser Terrorgruppe. Wir hatten jedoch anfangs noch Glück und die Terrorgruppe war **weit** von uns **entfernt**.

Als ich eines Tages aus der Schule kam, saßen Mama und Papa wie erstarrt vor dem Fernseher. Im Fernsehn sahen sie die Nachrichten und es hieß, dass die Terrorgruppe „IS" immer näher zu unserer Stadt Mossul vordringt.

Zuvor wurden schon **drei Nachbarstädte** bombardiert und vom „IS" **erobert**. Sie kamen uns immer näher. Mir wurde heiß und kalt gleichzeitig. Ich fing an, zu zittern, und bekam schreckliche **Angst**. Meine Mutter versuchte, mich zu beruhigen. Aber ich ließ mich nicht beruhigen, denn ich wusste, was geschehen würde. Ich hatte die Zerstörung der Städte und die gefährlichen Menschen des „IS" zuvor so oft im Fernsehen gesehen.

Wir haben seit diesem Zeitpunkt die Tage damit verbracht, **zu Hause zu sitzen**, zu essen und immer wieder die Nachrichten zu verfolgen. Ich durfte nicht mehr rausgehen und mit meinen **Freunden** spielen. Auch meine Verwandten sah ich kaum noch. Nur einmal kam mein **Onkel** vorbei, um uns etwas Reis und Wasser vorbeizubringen. Auch er sah sehr verängstigt aus, so wie ich meinen Onkel eigentlich nie gesehen habe. Er war immer ein sehr starker und **mutiger Mann**. Aber als ich ihn an diesem Tag gesehen habe, sah er irgendwie viel kleiner und schwächer aus, fast wie ein kleiner Junge.

© Verlag an der Ruhr | Autorin: Kira Janello | Illustration: © Katja Hillscher | ISBN 978-3-8346-3789-5 | www.verlagruhr.de

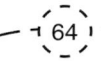

Als die **Terrorgruppe** nach einigen Tagen schon andere Stadtteile von unserer **Stadt Mossul** bombardiert hatte, gab es eine **Ausgangssperre** und jeder musste in seinem Haus bleiben. Auch die **Schule fiel aus** und so veränderte sich alles. Ich habe mich gefühlt wie im Gefängnis und hatte große Angst vor dem, was kommen mochte.

Mitten in der **Nacht** war es so weit. Die Terrorgruppe war zu unserem Stadtteil vorgedrungen. Voller Panik und Angst entschied sich meine Familie für die **Flucht**. Es war viel zu gefährlich, hier in unserem schönen Häuschen in Mossul zu bleiben. Auch die anderen Menschen sowie meine Verwandten entschieden sich, zu fliehen. Die sonst so leeren Straßen waren plötzlich **gefüllt mit Menschen**, die wild durcheinander-liefen.

© Verlag an der Ruhr | Autorin: Kira Janello | Illustration: © Katja Hillscher | ISBN 978-3-8346-3789-5 | www.verlagruhr.de

Sinan aus dem Irak

Die Flucht

Eigentlich gab es immer noch die **Ausgangssperre**, aber auf den Straßen herrschte **Chaos**. Überall waren Menschen, Familien und Kinder auf der Flucht. Viele waren mit **Autos** unterwegs, aber genauso viele auch **zu Fuß**. Es entstand ein riesiger Stau. Die Menschen stiegen aus ihren Autos und ließen sie einfach stehen. Ich erinnere mich noch an die vielen Koffer, Taschen und Rucksäcke. Es war schrecklich!

Wir konnten in der **Eile** nur noch ein paar wichtige Sachen in unsere Rucksäcke stopfen. Alles andere ließen wir zurück. Wir mussten aufpassen, dass wir durch die **Menschenmassen** nicht getrennt wurden. Wir hielten uns alle ganz fest an den Händen und ließen auch unser Auto zurück am Straßenrand stehen. Wir liefen dem Strom von Menschen in Not hinterher. Ich trug noch meinen Schlafanzug, weil wir in der Hektik nicht mehr Zeit hatten, uns umzuziehen. Ich war müde und mir **taten** schnell die **Füße weh**.

Normalerweise braucht man zwei Stunden mit dem Auto in das nah gelegene **Kurdistan**. Wir brauchten zu Fuß etwas mehr als eine Woche. Wir schliefen mit vielen anderen geflüchteten Familien unter kleinen Büschen im Freien. Wir hatten **Hunger und Durst** und Angst, dass die Terrorgruppe „IS" uns einholen und finden würde. An der Grenze gab es eine **riesengroße Schlange** aus geflüchteten Menschen, die alle nach **Kurdistan** fliehen wollten. Wir mussten sehr lange warten.
Nach der Grenze waren wir noch einmal drei Monate auf der Flucht, bevor wir in **Europa** waren. Wir gingen **zu Fuß**, fuhren mit **Bussen, Lastwagen** und auch einmal mit einem kleinen, wackeligen **Schlauchboot**. Papa bezahlte mehrfach Männer, die uns heimlich über Grenzen brachten. Diese Männer nennt man **Schlepper**.
Ich kann mich noch daran erinnern, dass ich Angst vor ihnen hatte. Ich wusste genau, dass diese Männer keine guten Menschen waren.

© Verlag an der Ruhr | Autorin: Kira Janello | Illustration: © Katja Hillscher | ISBN 978-3-8346-3789-5 | www.verlagruhr.de

Von Tag zu Tag waren wir **erschöpfter** und wurden immer dünner. Wir hatten nicht viel zu essen und zu trinken. Es war eine sehr lange und anstrengende Flucht. Jeden Abend weinte meine Mutter und betete, dass wir heil in Europa ankämen.

Auch als wir endlich in **Griechenland**, einem Land in Europa, waren, ging unsere Flucht weiter. Wir wollten nach **Deutschland**, weil wir gehört hatten, dass es den Menschen dort sehr gut ginge. Unsere **unfreiwillige Reise** dauerte dann noch einmal zwei Monate. Insgesamt waren wir nun bald **ein halbes Jahr** auf der Flucht. Genauso lange hatte ich **keine Schule** mehr besucht, nicht gespielt und auch nicht gelacht.

Am Ende unserer Kräfte erreichten wir dann endlich die **Grenze zu Deutschland**. Wir hatten kein Geld mehr für einen weiteren Schlepper, also gingen wir direkt zur **Polizei** und hofften, dass man uns in Deutschland aufnehmen würde.

© Verlag an der Ruhr | Autorin: Kira Janello | Illustration: © Katja Hillscher | ISBN 978-3-8346-3789-5 | www.verlagruhr.de

Sinan aus dem Irak

Ankunft in Deutschland

Wir mussten wieder sehr **lange warten**, weil mit uns viele andere geflüchtete Familien angekommen waren. Es herrschte **großes Chaos**, überall waren Menschen und ich hörte alle wild durcheinander in ihren Heimatsprachen reden.

Als wir endlich an der Reihe waren, mussten wir unsere **Pässe** vorzeigen und wir wurden viele Dinge gefragt. Zunächst verstanden wir nichts, dann kam zum Glück ein Mann, der **Arabisch** sprechen konnte, mit dem sich meine Eltern unterhielten.

Nach mehreren Stunden saßen wir endlich in einem **Zug** zu einem **Flüchtlingslager** in der Nähe von München. Meine Familie und ich waren so **froh**, nach einem halben Jahr voller Angst und Erschöpfung endlich im sicheren Deutschland angekommen zu sein.

Im Flüchtlingslager waren die fremden Menschen sehr nett zu uns. Sie gaben uns Essen und Trinken und zeigten uns einen kleinen **Container**, in dem wir mit einer anderen Familie erst einmal wohnen würden.

Der Container war so groß wie mein altes Kinderzimmer. Nun wohnten wir dort **zu acht**. Ihr denkt nun bestimmt, wie man so leben kann, aber nach so einer langen, schweren Flucht war es das beste und tollste Gefühl, endlich **ein Dach über dem Kopf** zu haben. Da machte mir der **wenige Platz** und die **Enge** nichts aus. Es dauerte nicht lange, vielleicht ein paar Wochen, bis ich in die **Schule** gehen sollte. Ich freute mich sehr, denn ich vermisste das Lernen. Trotzdem hatte ich Angst vor den neuen, fremden Kindern, die ich alle nicht verstand. Die Angst legte sich, als ich erfuhr, dass ein anderer Junge aus dem Flüchtlingslager mit mir zusammen in die neue Schule und in dieselbe Klasse gehen sollte.

© Verlag an der Ruhr | Autorin: Kira Janello | Illustration: © Katja Hillscher | ISBN 978-3-8346-3789-5 | www.verlagruhr.de

Unser **erster Schultag** war sehr aufregend. Wir durften in der Klasse zusammensitzen. Ich kann mich noch gut daran erinnern, wie die anderen Kinder uns anstarrten. Die Pausen verbrachte ich zunächst mit meinem neuen Freund **Omar**. Er war auch aus seinem Heimatland geflüchtet. Ich wünschte mir trotzdem, dass auch die **anderen Kinder** mit mir spielen wollen. Nur wusste ich nicht, wie ich sie fragen sollte.

Irgendwann kam ein Junge auf uns zu und zeigte auf seinen Ball. Wir verstanden direkt, was er uns sagen wollte, und wir lernten das deutsche Wort „Ball". Von diesem Tag an spielten wir gemeinsam mit den deutschen Kindern. Sie zeigten auf Gegenstände und sagten das deutsche Wort. Wir wiederholten es und sagten, wie es in unserer Muttersprache hieß.

Das war ein **tolles Spiel** und ich war so dankbar über meine neuen Freunde. Ich ging nun wieder gern in die Schule und es war fast so schön wie damals im Irak, aber auch nur fast.

© Verlag an der Ruhr | Autorin: Kira Janello | Illustration: © Katja Hillscher | ISBN 978-3-8346-3789-5 | www.verlagruhr.de

Malinka aus Pakistan

Das Leben in Pakistan

Mein Name ist Malinka und ich komme aus **Pakistan**.

Pakistan ist ungefähr doppelt so groß wie Deutschland. Wir haben hier viele große **Berge** und in der Mitte verläuft der große **Fluss Indus**. Am Ende dieses Flusses ist das Arabische Meer, dort fließt der Fluss hinein. Rund um den Fluss sind **viele Bauernhöfe** mit großen Feldern.

Das **Wetter** ist in Pakistan sehr heiß. Nur in den hohen Bergen ist es kühler. Dort gibt es auch Bären und ein paar Leoparden. Ich war noch nie in den Bergen und habe diese **Tiere** noch nie gesehen. In Pakistan spricht man **Urdu** und manchmal auch **Englisch**.

Meine Familie und ich lebten auf einem kleinen **Bauernhof** in der **Nähe des Flusses**. Auch wenn wir nicht viel Geld hatten, führten wir ein sehr **glückliches Leben**. Auf unseren **Feldern** bauten wir Baumwolle, Reis und Zuckerrohr an. Baumwolle wird für die Herstellung von Kleidung gebraucht. Da alle Menschen auf der Welt Baumwolle für ihre Anziehsachen benötigen, konnte Papa die Wolle gut verkaufen. Den Reis und das Zuckerrohr bauten wir hauptsächlich für uns selbst an und für ein paar Bewohner unseres kleinen Dorfes.

Wir hatten auch ein paar **Ziegen, Kühe** und **zwei Esel**. **Papa** war den ganzen Tag auf dem Feld und kümmerte sich um die Pflanzen und die Ernte. Meine zwei älteren Brüder halfen Papa, wenn sie aus der Schule kamen.
Wir hatten das Glück, dass in unserem kleinen Dorf eine **Schule** war. Dort gingen wir jeden Tag gemeinsam mit unseren Freunden hin. Wir waren alle in einer Klasse und unser Lehrer war sehr streng. Ich ging gern in die Schule, da ich lesen, schreiben und rechnen lernen wollte. Meine Mama konnte als Kind leider nicht zur Schule gehen. Deshalb sagte sie jeden Tag zu uns, wie wichtig das Lernen ist.

© romantiche – Fotolia.com

© Verlag an der Ruhr | Autorin: Kira Janello | Illustration: © Katja Hillscher | ISBN 978-3-8346-3789-5 | www.verlagruhr.de

Mama hielt den Hof sauber, kochte, fütterte das Vieh und kümmerte sich um den Haushalt. Um sie herum wuselten meine zwei kleinen Schwestern, die noch nicht alt genug für die Schule waren.

Nach der Schule half ich Mama beim Kochen. Sie war die beste Köchin im ganzen Dorf. Mein **Lieblingsessen** war Reis mit Gemüse aus unserem Garten und etwas Ziegenkäse.

Einmal in der Woche gingen wir zum **Flussufer**, um uns zu **waschen**. Ich liebte den Fluss, denn meistens angelte Papa uns einen Fisch und wir durften ein bisschen **schwimmen**.

© Verlag an der Ruhr | Autorin: Kira Janello | Illustration: © Katja Hillscher | ISBN 978-3-8346-3789-5 | www.verlagruhr.de

Malinka aus Pakistan

Die Gründe für die Flucht

Eines Tages kam der starke **Monsunregen** und hörte nicht wie gewöhnlich nach einiger Zeit wieder auf, sondern der Regen wurde **immer schlimmer**. Meine Familie und ich saßen an unserem kleinen Ofen im Haus und wärmten uns. Zu diesem Zeitpunkt ahnte noch keiner von uns, welche Auswirkungen dieser Regen auf unser Leben haben würde.

Als der Regen nach einer Woche immer noch nicht aufhörte, war unsere gesamte **Ernte zerstört**. Der Boden war so stark aufgeweicht, dass die Pflanzen umgekippt waren und wie auf einem Pflanzenfriedhof auf den Feldern lagen.

Der **Fluss**, der nicht weit von unserem Bauernhof entlangfloss, wurde **immer größer und größer**, die Wassermassen schlängelten sich in einer rasenden Geschwindigkeit durch das Flussbett. An einigen Stellen war der Fluss schon über seine Ufer getreten und es bildeten sich **kleine Seen**.

Langsam machten sich alle Dorfbewohner **große Sorgen**, denn viele Häuser standen schon unter Wasser und der Himmel sah nicht so aus, als würde der Regen jemals aufhören.

Auch das Haus, in dem unsere Schule war, stand schon bis zu den Knien unter Wasser. Somit **fiel die Schule aus** und ich konnte viele von meinen Freunden nicht mehr sehen.

Wir **alle halfen** nun jeden Tag auf dem Bauernhof, damit unser Haus und unsere Ställe vor den Fluten geschützt wurden. Wir arbeiteten sehr hart und ich war jeden Abend erschöpft und müde. Mit jemandem gespielt hatte ich schon lange nicht mehr.

© Verlag an der Ruhr | Autorin: Kira Janello | Illustration: © Katja Hillscher | ISBN 978-3-8346-3789-5 | www.verlagruhr.de

Eine Woche später standen alle Felder unter Wasser. Es sah aus wie ein großer See. Papa und meine Brüder versuchten, unseren **Bauernhof** mit einem selbst gebuddelten **Graben zu schützen**. Ich hatte **Angst** und ich merkte, dass auch meine Eltern es mit der Angst zu tun bekamen. Viele der anderen Dorfbewohner hatten ihre Häuser schon verlassen und waren vor den Wassermassen geflüchtet.

Mitten in der Nacht klopfte die **Polizei** an unsere Tür und befahl uns, unseren Hof zu verlassen. Sie warnte uns, dass ein Damm gebrochen sei und eine **große Flutwelle** auf uns zukommen würde, die unseren ganzen Bauernhof überfluten würde.

Ich fing an, zu weinen, denn ich wollte unser Zuhause nicht zurücklassen. Zu wissen, alles zu verlieren, ließ mich **sehr traurig** werden.

Uns blieb jedoch nichts anderes übrig und so mussten meine Familie und ich **fliehen** und unseren Bauernhof mit allem, was wir besaßen, zurücklassen.

© Verlag an der Ruhr | Autorin: Kira Janello | Illustration: © Katja Hillscher | ISBN 978-3-8346-3789-5 | www.verlagruhr.de

Malinka aus Pakistan

Die Flucht

Wir packten schnell ein paar wichtige Dinge ein und wurden von **Polizisten**, zusammen mit anderen Menschen in Not, in ein **Flüchtlingslager** in der Nähe des Meeres gebracht, wo die Überschwemmungen noch nicht so stark waren. Ich kann mich erinnern, dass ich **großen Hunger** hatte, denn wir hatten keinen Proviant mit auf die Flucht nehmen können. Die Soldaten waren freundlich und gaben uns jeweils eine kleine Wasserflasche. Mehr hatten auch sie nicht.

Im Flüchtlingslager war es **sehr kalt**. Der Boden war schlammig und wir mussten in großen Zelten auf **Holzbrettern schlafen**. Eine Schule gab es dort auch und ich ging jeden Tag mit meinen Geschwistern dorthin.

Als eines Tages die Polizei **Entwarnung** gab und wir zurück auf unseren Bauernhof durften, fuhren wir dorthin, doch was wir vorfanden, glich einer **Katastrophe**. Von unserem **Haus** waren nur noch die **Grundmauern** übrig geblieben, die Ställe und auch alles andere hatte das Wasser mit sich gerissen. Mama fing sofort an, zu weinen, und auch ich war so **schockiert** und **traurig** von dem Anblick, dass ich ebenfalls weinte. Alles war weg! Wir besaßen nur noch die paar Dinge, die wie zuvor gerettet hatten, und Geld hatten wir auch keines. Wir konnten keine neuen Samen für die Felder kaufen und somit hatten wir auch **kein Essen mehr**.

Meine Eltern entschieden sich, Pakistan zu verlassen und sich in einem **Land in Europa** ein neues Leben aufzubauen. Wir machten uns auf den Weg zur **Hafenstadt Karatschi**, von der aus große Schiffe nach ganz Europa fuhren. Die Reise war sehr mühsam. Manchmal mussten wir weite Strecken entlang des Flusses **zu Fuß** bewältigen. Ab und an nahm uns ein **Lastwagenfahrer** auf seiner Ladefläche mit.

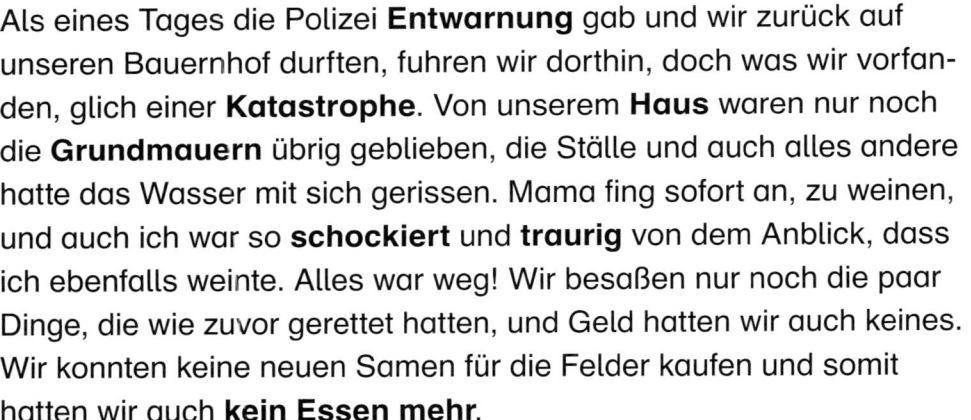

© Verlag an der Ruhr | Autorin: Kira Janello | Illustration: © Katja Hiltscher | ISBN 978-3-8346-3789-5 | www.verlagruhr.de

Wir schliefen im Freien. Ich war schnell sehr erschöpft, denn es war heiß. Wir hatten **wenig zu essen und zu trinken** und meine Füße taten wir weh. Ich fing an, den Plan, nach Europa zu fliehen, sehr doof zu finden, aber meine Eltern wollten es trotzdem. Nach einigen Wochen erreichten wir endlich die Hafenstadt Karatschi. Dort suchte mein Vater einen Kapitän, der uns **gegen Geld** mit auf sein **Schiff** nahm. Da dies verboten war, musste Papa ihm unser letztes Geld geben. Das Schiff fuhr nach Deutschland. Eng aneinander gekuschelt saßen wir mit **vielen anderen geflüchteten Menschen** an Deck des riesigen Schiffs. Am Tag schaute ich auf das Meer hinaus und hoffte, endlich anzukommen.

Wir bekamen nur sehr **wenig Wasser** und **etwas Brot** zu essen. Mein Magen knurrte. Meine kleine Schwester wurde krank. Meine Eltern machten sich **große Sorgen**. Zum Glück gab es einen **Arzt** unter den anderen geflüchteten Personen.

Nachts im **Maschinenraum** konnte ich kaum schlafen, da es so laut war. Es war eine **endlose Fahrt**. Ich hatte das Gefühl, sie würde nie zu Ende gehen.

© Verlag an der Ruhr | Autorin: Kira Janello | Illustration: © Katja Hillscher | ISBN 978-3-8346-3789-5 | www.verlagruhr.de

Malinka aus Pakistan

Die Ankunft in Deutschland

Dann kamen wir endlich nach mehreren Wochen auf dem Schiff an einem großen Hafen in Deutschland an. Dem **Hamburger Hafen**. Die Seemänner halfen uns, heimlich das Schiff zu verlassen, ohne von der Polizei gesehen zu werden, denn ohne **eine Erlaubnis, ein Visum,** durften wir gar nicht nach Deutschland einreisen.

Wir entschieden uns, direkt zur Polizei zu gehen. Wir waren zu erschöpft von der langen Schiffs-fahrt. Unsere Familie wurde in ein **Flüchtlings-heim** gebracht. Uns wurden sehr **viele Fragen** gestellt und wir verstanden zunächst nichts, bis eine Frau kam, die unsere Sprache gesprochen hat. Sie hatte von der **schrecklichen Naturkatastrophe** in unserem Land gehört und versprach, uns zu helfen. Trotzdem warnte sie uns, dass wir vielleicht auch nicht in Deutschland bleiben dürften.

Im Flüchtlingslager gab es endlich **genügend Essen und Trinken**. Hier lebten viele Menschen aus verschiedenen Ländern, die aus ihrer Heimat geflohen waren. Wir lernten **andere Kinder** aus Pakis-tan kennen, mit denen wir uns auf unserer Muttersprache verständi-gen konnten. Das war sehr schön, denn wir konnten kein Deutsch und die anderen **fremden Sprachen** verstanden wir auch nicht.

Wir merkten, dass unser Vater sehr traurig war, denn er vermisste unseren Bauernhof und das Arbeiten in der Natur. Das Leben vor der Flutkatastrophe war so schön friedlich gewesen und nun waren wir zwar in **Sicherheit** in einem Land, in dem es uns besser ging, aber alles war so fremd. Fremde Menschen, eine fremde Sprache, überall waren viele Autos und kaum Wiesen, Felder und Tiere.

Nach einigen Wochen musste unsere Familie wieder **umziehen** und wurde in eine neue Stadt, in ein **neues Flüchtlingsheim** mit neuen Menschen gebracht. Wir Kinder waren sehr traurig, da wir unsere neuen Freunde wieder verlassen mussten. Außerdem sollten wir in der neuen Stadt in die **Schule** und den Kindergarten gehen.

© Verlag an der Ruhr | Autorin: Kira Janello | Illustration: © Katja Hillscher | ISBN 978-3-8346-3789-5 | www.verlagruhr.de

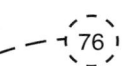

Wir hatten große Angst, denn wir konnten uns mit den deutschen Kindern dort nicht verständigen.

Als unser **erster Schultag** immer näher rückte, hatten wir große Angst vor der fremden, großen Schule, den Kindern und Lehrern und fühlten uns sehr einsam. In der Schule angekommen, kamen wir Geschwister in unterschiedliche Klassen. Ich freundete mich schnell mit meiner Sitznachbarin an. Sie hieß Lisa und war sehr nett zu mir.

Ich war **überglücklich**, eine Freundin gefunden zu haben. Sie lieh mir ihren Stift aus und lächelte mich an. Mit ihren **Händen und Füßen** zeigte sie mir Dinge und wir hatten unsere eigene Sprache. Auch die anderen Kinder versuchten, mir **deutsche Wörter beizubringen,** und waren sehr interessiert an mir und meinem Heimatland Pakistan.

Ich hätte nie gedacht, dass ich mich so schnell in der Schule wohl-fühlen konnte. In den Pausen traf ich meine Geschwister auf dem Schulhof. Wir spielten zusammen mit unseren neuen Freunden. Wir waren sehr **glücklich** und fühlten uns immer wohler im sicheren Deutschland.

Ob wir jedoch hier bleiben dürfen, wissen wir nicht.

© Verlag an der Ruhr | Autorin: Kira Janello | Illustration: © Katja Hillscher | ISBN 978-3-8346-3789-5 | www.verlagruhr.de

Selma aus Serbien

Das Leben in Serbien

Mein Name ist Selma und ich komme aus **Serbien**. Ich gehörte der **Volksgruppe der Roma** an und bin in Serbien geboren. Serbien ist ein **Land in Europa**, gar nicht so weit weg von Deutschland.

Wir **sprechen** in Serbien **Serbisch**. Manche Menschen können auch die Sprachen unserer Nachbarländer sprechen, wie zum Beispiel Rumänisch und Ungarisch.

Die **Hauptstadt** von Serbien heißt **Belgrad** und dort leben die meisten Menschen. Ich wohne in der Nähe der Stadt Novi Sad. Das ist die zweitgrößte Stadt in Serbien.

Novi Sad ist eine sehr hübsche Stadt. Wir haben hier viele schöne Häuser und große Kirchen. Auf den Straßen fahren viele Autos. Die Stadt liegt direkt am Flussufer der **Donau, einem Fluss,** der auch durch Deutschland fließt.

In Serbien gibt es sehr viele hohe **Berge**. Ich war leider noch nie dort, weil in Novi Sad nicht so viele Berge sind. Mein Vater verspricht mir immer, dass wir eines Tages in die Berge fahren werden. Das **Wetter** ist hier etwas wärmer als in Deutschland, aber auch nicht viel. Ich finde es genau richtig so.

Die Menschen hier wohnen in **ganz normalen Häusern** aus Stein, so wie in Deutschland. Viele von ihnen gehen jeden Tag zur Arbeit und die serbischen Kinder sind tagsüber in den **Schulen** und lernen viele spannende Dinge.

© Verlag an der Ruhr | Autorin: Kira Janello | Illustration: © Katja Hillscher | ISBN 978-3-8346-3789-5 | www.verlagruhr.de

© detakstudio – Fotolia.com

Das Leben scheint für die serbischen Menschen gar nicht so anders zu sein als in Deutschland. Aber ich gehöre zu der Volksgruppe der Roma und wir leben in Serbien ganz anders als die anderen Menschen hier.

© Verlag an der Ruhr | Autorin: Kira Janello | Illustration: © Katja Hillscher | ISBN 978-3-8346-3789-5 | www.verlagruhr.de

Selma aus Serbien

Die Gründe für die Flucht

Ich wohnte in **Serbien** mit meiner Familie in einer Siedlung am Rande der Stadt Novi Sad. Unsere Siedlung unterschied sich sehr stark von den anderen Wohngebieten und der Stadt Novi Sad. Hier waren die **Wege** nicht gepflastert, sondern staubig und voller Löcher. Wenn es regnete, dann gab es riesige Pfützen und man konnte kaum noch die **Straße** entlanglaufen, ohne nasse Füße zu bekommen.

Am Straßenrand lagen große **Müllberge**, in denen wilde Hunde nach etwas zu Essen suchten. Unsere **Hütten**, in denen wir wohnten, waren aus Pappe, Ziegeln, Planen und Wellblech zusammengebastelt.

Wir hatten dort auch **keinen Strom**, sodass wir abends kein Licht mehr hatten und auch so etwas wie Fernsehgucken konnten wir nicht. Im Dunkeln zündete mein Papa immer eine alte Öllampe an. Das **Wasser** mussten wir uns aus einer entfernten Wasserleitung holen. Wenn wir es zum Beispiel zum Waschen verbraucht hatten, floss es einfach die Straße hinunter, denn wir hatten **keine Kanalisation**.

Zur **Schule** durfte ich leider **nicht gehen**, denn Romakinder waren dort nicht erwünscht. Die Schule wollte uns nicht unterrichten und das war ganz schön gemein und ungerecht. Alles nur, weil wir zur Volksgruppe der Roma gehören. Also lief ich den ganzen Tag mit meinem Vater und meinen Geschwistern über die Müllberge und **suchte nach Pfandflaschen** und altem Metall. Das brachte uns etwa einen Euro am Tag. Das reichte gerade so zum Überleben.

Zeit zum **Spielen** hatte ich **kaum**. Ihr müsst wissen, dass wir Kinder unseren Eltern helfen mussten, damit wir Essen und Trinken hatten. So ging es allen Kindern in unserer Siedlung. Also blieb uns kaum Zeit zum Spielen.

© Verlag an der Ruhr | Autorin: Kira Janello | Illustration: © Katja Hillscher | ISBN 978-3-8346-3789-5 | www.verlagruhr.de

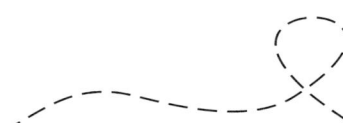

© Verlag an der Ruhr | Autorin: Kira Janello | Illustration: © Katja Hillscher | ISBN 978-3-8346-3789-5 | www.verlagruhr.de

Ich war **wütend** und fand es gemein, dass wir nicht zur Schule gehen durften und Mama und Papa hier **keine Arbeit** fanden. Meine Eltern sind vor vielen Jahren aus dem **Kosovo** vor dem Krieg nach Serbien geflüchtet und haben ihre Ausweispapiere dort im Feuer verloren.

Seitdem können sie sich nicht ausweisen und leben in **Armut**. Serbien erlaubte ihnen deshalb nicht, zu arbeiten, aber wollte ihnen auch **keine neuen Ausweispapiere** geben. Ich finde das sehr ungerecht. Vielen Romafamilien ging das ähnlich. Irgendwie mochten uns die Menschen in Serbien nicht und **schlossen uns aus**. Papa hatte mir erzählt, dass er schon öfter geschlagen und aus den Straßen der Stadt vertrieben wurde. Einfach so und er konnte nichts dagegen tun, denn auch die Polizei war gegen uns und half uns nicht.

Auch wenn wir krank waren, konnten wir nicht zum Arzt gehen, denn wir waren **nicht krankenversichert**. Das heißt, wir mussten die Arztkosten selbst zahlen und das konnten wir nicht, weil Mama und Papa keine Arbeit hatten. **Ich mochte das Leben dort nicht** gern. Viel lieber wäre ich zur Schule gegangen, hätte am Nachmittag mit Freunden gespielt und mir nicht immer Sorgen machen müssen, dass wir nicht genügend Essen hatten.

Nachdem wir von vielen anderen Roma gehört hatten, dass es unserer Volksgruppe in Deutschland viel besser ginge, entschieden wir uns, dorthin zu fliehen.

Selma aus Serbien

Die Flucht

Wir packten unsere Sachen. Viel hatten wir nicht, was wir mitnehmen konnten. Wir verabschiedeten uns von unseren Freunden und Verwandten. Ich war sehr **traurig**, sie zu verlassen, aber freute mich auch auf ein besseres Leben in **Deutschland**.

Mit unserem **letzten Geld** bezahlten Mama und Papa **Bustickets**. Der Bus sollte uns zur Grenze nach **Ungarn**, einem Nachbarland von Serbien, bringen.

Die Fahrt zur Grenze dauerte einige Stunden. Dort angekommen, mussten wir auf die **Dunkelheit** warten, da die serbische Regierung es als eine **Strafe** ansieht, wenn Leute flüchten. Wir wollten nicht entdeckt werden. Wir suchten uns ein kleines **Versteck** und warteten, bis es dunkel wurde. Ich hatte **Angst** vor dem, was passieren würde, wenn wir entdeckt würden. Ich kuschelte mich an meine Mutter und hoffte, dass alles gut ging.

Als es dunkel und leerer auf den Straßen wurde, schlichen wir uns von Hauswand zu Hauswand, durch zwei kleine Wälder, bis zu einem Loch im **Grenzzaun** und kletterten hindurch.

Wir waren sehr erleichtert und gingen **zu Fuß**, um in die nächste Stadt zu gelangen. Dort angekommen, bezahlten wir einen Mann mit einem großen **Transporter**. Das ist ein Auto, in dem ungefähr zehn Menschen sitzen können. Mit diesem Auto fuhren wir bis nach **Österreich**. Die Fahrt war ruhig und ich konnte etwas schlafen. Als ich wieder aufwachte, hatte ich **großen Hunger**. Da wir in den letzten Tagen keine Flaschen und kein Metall sammeln konnten, hatten wir auch kein Geld, uns etwas zu essen zu kaufen. Also musste ich den Hunger aushalten, bis wir in Deutschland waren und hoffentlich etwas zu essen bekamen.

© Verlag an der Ruhr | Autorin: Kira Janello | Illustration: © Katja Hillscher | ISBN 978-3-8346-3789-5 | www.verlagruhr.de

Der Fahrer ließ uns in der Nähe einer großen Stadt in **Österreich** aussteigen. Nun blieb uns nichts anderes übrig, als den **Zug** zu nehmen. Wir hatten **kein Geld mehr für Tickets** und mussten uns im Zug **verstecken** und darauf hoffen, dass uns kein Kontrolleur finden würde. Ich hatte dabei **kein gutes Gefühl** und fühlte mich **wie ein Verbrecher**, obwohl wir doch in Not und auf der Flucht waren.

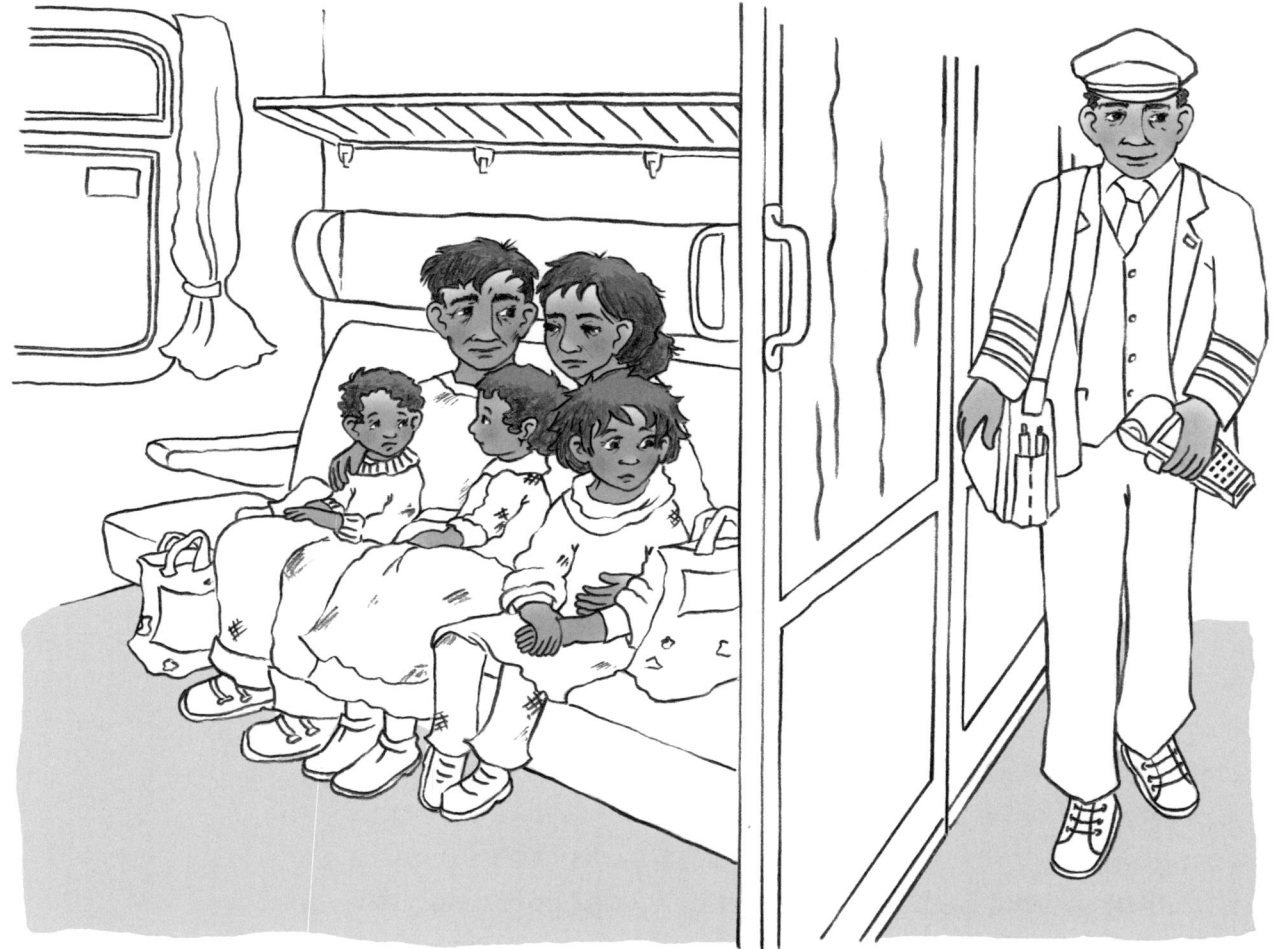

© Verlag an der Ruhr | Autorin: Kira Janello | Illustration: © Katja Hillscher | ISBN 978-3-8346-3789-5 | www.verlagruhr.de

Selma aus Serbien

Die Ankunft in Deutschland

Wir hatten Glück und uns kontrollierte niemand.
In **München** verließen wir den Zug und mussten uns
dort wieder **verstecken**, da wir **ohne Ausweispapiere**
und eine Erlaubnis nicht in Deutschland sein durften.

Ich war **erschöpft** und hatte **Angst**, dass unser
Leben sich gar nicht verändern würde. Sich
immer **ausgeschlossen fühlen**, Hunger und
Durst haben und nicht zur Schule gehen zu
dürfen, war doch genau das Leben, das wir nicht
mehr wollten.

Wir **schliefen** drei Nächte **unter einer Brücke**. Dort
war es kalt, nass und sehr dreckig. Ich war **traurig** und fühlte
mich noch viel unwohler als zuvor. Tagsüber ging ich mit meinen
Geschwistern herum und **bat** die Menschen um etwas **Geld**. Mir fiel
direkt auf, dass die deutschen Menschen netter und freundlicher zu
uns waren, als wir es gewohnt waren.

Am vierten Tag erwischte uns die **Polizei**. Wir wurden mit in ein
großes Gebäude genommen und uns wurden **viele Fragen** gestellt.
Ich fürchtete mich vor den Menschen, denn ich verstand sie nicht.

Es dauerte nicht lange und wir wurden in eine **Flüchtlingsunterkunft**
gebracht. Dort bekamen wir endlich etwas Warmes zu essen und
zu trinken. Die Menschen waren sehr freundlich und ich fühlte mich
schnell wohl. Auch die **Turnhalle**, in der wir wohnten, war viel
besser und schöner als unsere Hütte in Serbien. Ich teilte mir mit
meiner Schwester ein Bett und wir kuschelten uns aneinander und
schliefen sofort ein.

Im Flüchtlingslager lernten wir **viele andere Kinder** kennen, die
unsere Sprache verstanden und mit uns spielen wollten. Ich fühlte
mich endlich **nicht mehr ausgeschlossen**, weil ich Roma bin.
Auch Mama und Papa schien es besser zu gehen.

© Verlag an der Ruhr | Autorin: Kira Janello | Illustration: © Katja Hillscher | ISBN 978-3-8346-3789-5 | www.verlagruhr.de

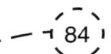

Nach einiger Zeit sollten meine Geschwister und ich die Schule besuchen. Ich war so aufgeregt, weil ich noch nie in einer Schule gewesen bin.

Die **Schule** war sehr schön und groß. Ich kam in eine Klasse mit vielen deutschen Kindern, die alle so alt waren wie ich. Damit ich mich nicht wieder so ausgeschlossen fühlte, fing ich direkt an, mit den Kindern zu sprechen, aber **sie verstanden mich einfach nicht**.

Es war schwierig, so Freunde zu finden, und ich fing an, mich wieder einsam zu fühlen. In den Pausen sah ich den Kindern beim Spielen zu und wünschte mir, mitspielen zu dürfen.

Ich wollte so gerne **Deutsch lernen**, damit ich mich mit den anderen Kindern unterhalten konnte, aber wie sollte ich diese schwere Sprache jemals lernen, **wenn keiner mit mir sprach**.

Nach drei Tagen war ich so **traurig**, dass ich mich weinend in einer Ecke des Schulhofes versteckte. Nach einiger Zeit standen meine Klassenkameraden und meine Lehrerin vor mir. Sie blickten mich an und unterhielten sich auf Deutsch. Ich konnte sie nicht verstehen.

Plötzlich streckten mit drei Kinder die Hand entgegen und halfen mir wieder auf die Beine. Seit diesem Tag wollten die **Kinder** meiner Klasse mit mir spielen und **halfen mir**, ihre **Sprache zu lernen**.

Ich fühle mich nun sehr wohl in der neuen Schule mit meinen neuen Freunden und hoffe, dass meine Familie und ich im sicheren Deutschland bleiben dürfen.

© Verlag an der Ruhr | Autorin: Kira Janello | Illustration: © Katja Hillscher | ISBN 978-3-8346-3789-5 | www.verlagruhr.de

Yonis aus Somalia

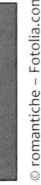

Yonis Leben in Somalia

Mein Name ist Yonis und ich lebte mit meinen Eltern und meinen Geschwistern in **Somalia**. Die **Hauptstadt** von Somalia heißt **Mogadischu**.

Somalia ist ein sehr trockenes und heißes Land. Wir haben eine **große Wüste** im Land, die immer größer wird. Die andere Landschaft ist bergig und etwas grüner.

In Somalia sprechen die Menschen **Somali** und **Arabisch**. Viele Menschen können aber auch noch **andere Sprachen** sprechen, wie zum Beispiel Englisch oder Italienisch.

Wir lebten in einem kleinen Haus am Stadtrand von Mogadischu in der Nähe des **Indischen Ozeans**. Die **Häuser** hier sind aus Steinen, Lehm und Gras gebaut. Wir schliefen alle zusammen auf Grasmatten auf dem Boden in einem gemeinsamen Zimmer. Das macht man hier so. Die anderen zwei Räume benutzten wir zum Kochen und zum Lagern unserer Vorräte. Zwar war es manchmal etwas eng in der Nacht, aber dafür konnte ich mich an meinen Bruder und meine Schwester kuscheln.

In Somalia war es **sehr gefährlich**. Wir hatten hier **keine Polizei** und das Land wurde von **mehreren großen Gruppen** beherrscht. Diese Gruppen bestimmten unser Leben. Wenn du ihnen nicht gehorchtest, dann taten sie dir etwas an. Deshalb passten wir immer auf. Sobald Schüsse fielen, liefen wir schnell in unser Haus und versteckten uns.

In unserer Stadt gab es **eine Gruppe**, die uns **alle beherrschte**. Ich hatte Angst vor ihnen, **große Angst**, denn sie konnten machen und tun, was sie wollten. Wir hatten hier ja keine Polizei.

© romantiche – Fotolia.com

© Verlag an der Ruhr | Autorin: Kira Janello | Illustration: © Katja Hillscher | ISBN 978-3-8346-3789-5 | www.verlagruhr.de

Meine Mutter **durfte nicht arbeiten**, das wurde ihr verboten. Sie war früher **Krankenschwester** in einem kleinen Krankenhaus. Dann kamen die **Soldaten** und verboten allen Frauen, zu arbeiten. Seitdem war sie zu Hause und kümmerte sich um den Haushalt und uns Kinder. Manchmal hatte ich das Gefühl, dass sie ihren alten Beruf sehr vermisste, aber wenn sie wieder arbeiten gehen würde, würden die Soldaten sie umbringen.

Tagsüber, wenn **keine Gefahr** in der Nähe war, waren meine Geschwister und ich immer **draußen und spielten** mit unseren **Freunden**. Unser Lieblingsspiel hieß „Gutera Uriziga". Jedes Kind bekam bei dem Spiel einen langen Stock. Es gab einen Spielleiter, der einen Reifen an den Kindern vorbeirollen ließ, und die Kinder mussten versuchen, ihren Stock durch den Reifen hindurchzuwerfen. Das machte so **viel Spaß** und jedes Kind konnte mitspielen.

Wir hatten auch das Glück, dass wir zur **Schule** gehen konnten. Ihr müsst wissen, das war in Somalia nicht selbstverständlich. In die Schule gingen wir jeden Tag gemeinsam mit unseren Freunden. Wir waren alle in einer Klasse und unser Lehrer, Herr Lumba, war sehr streng. Ich ging gern in die Schule, weil ich lesen, schreiben und rechnen **lernen wollte**.

Nach der Schule half ich mit meinen Schwestern Mama beim Kochen. Sie ist die beste Köchin. Mein **Lieblingsessen** ist Isombe gefüllt mit Ubugali. Das sind die Blätter einer Pflanze, die zusammengerollt werden und mit einem Teig gefüllt sind. Der Teig besteht aus der Wurzel dieser Pflanze.

Mein **Vater arbeitete** für eine **Zeitung**. Er konnte früher auch zur Schule gehen und kann sehr gut lesen und schreiben. Wenn ich groß bin, möchte ich auch **Reporter** werden.

An unserem **Haus** hatten wir einen **kleinen Garten**, in dem meine Mutter Gemüse anpflanzte. Wir hatten dort auch drei **Ziegen** und einen **Esel**.

© Verlag an der Ruhr | Autorin: Kira Janello | Illustration: © Katja Hillscher | ISBN 978-3-8346-3789-5 | www.verlagruhr.de

Abends, wenn wir schlafen mussten, erzählte uns Mama immer spannende Geschichten über die wilden Tiere in unserem Land. Wir Kinder lagen dann alle auf unseren Grasmatten und hörten ihrer Stimme zu.

© Verlag an der Ruhr | Autorin: Kira Janello | Illustration: © Katja Hillscher | ISBN 978-3-8346-3789-5 | www.verlagruhr.de

Yonis aus Somalia

Die Gründe für die Flucht

Eines Tages, als wir wieder mit unseren Freunden vor dem Haus Fußball spielten, kam eine **Truppe von Soldaten** mit einem Geländewagen angefahren. Wir versteckten uns schnell hinter einer Hauswand und warteten zitternd, bis die Soldaten außer Sichtweite waren.

Plötzlich hörten wir lautes Geschrei. Ich verstand sehr schnell, dass es aus unserem Haus kam. Meine Geschwister und ich rannten so schnell wir konnten dorthin. Was wir sahen, waren fünf Männer mit Waffen, die meiner Mutter ihr **buntes Kopftuch** heruntergerissen hatten. Zwei andere gingen durch unser Haus und **schlugen alles kaputt**, was sie finden konnten. Sie schrien meine Mutter an, dass sie nie wieder ein buntes Kopftuch anziehen dürfte, sondern nur noch **ein schwarzes**, das sie bis auf die Augen komplett verschleiert.

Ich versteckte mich vor Angst hinter meinem großen Bruder, der noch unseren Fußball in der Hand hielt. Einer der Soldaten kam auf ihn zu nahm sein Messer und **zerstach** seinen **Fußball**. Er befahl uns, **nicht mehr zu spielen**, und vor allem nicht Fußball. Ab sofort waren **Musik hören, fernsehen, tanzen, Sport machen** und **spielen,** verboten. Er hielt meinen Bruder am Nacken fest und drohte, ihm wehzutun, wenn wir noch einmal ein Verbot brechen würden. Als die Soldaten weg waren, fiel ich in Mamas Arme und wir weinten aus **Verzweiflung** und **Angst**.

Am nächsten Tag in der Schule erfuhren wir, dass die Soldaten auch die **Schulklingel** und den **Sport- und Englischunterricht** verboten hatten. Auch unser Lehrer war **machtlos** und hatte große Angst vor den Soldaten.

© Verlag an der Ruhr | Autorin: Kira Janello | Illustration: © Katja Hillscher | ISBN 978-3-8346-3789-5 | www.verlagruhr.de

Am Abend, als wir alle zusammen aßen, kam unser **Vater** mit einem blutigen **Verband am Oberarm** ins Haus. Wir sahen ihn erschrocken an. In seinen Augen sahen wir seine Angst. Er erzählte uns, dass die Soldaten auf ihn geschossen hätten, weil er in der **Zeitung** etwas geschrieben hatte, was ihnen wohl nicht gefallen hat. Sie hatten ihn zum Glück nur leicht getroffen, aber gedroht, uns allen etwas anzutun. Papa zitterte am ganzen Körper und befahl uns, schnell ein paar Dinge zusammenzupacken, um Somalia zu verlassen.

© Verlag an der Ruhr | Autorin: Kira Janello | Illustration: © Katja Hillscher | ISBN 978-3-8346-3789-5 | www.verlagruhr.de

Yonis aus Somalia

Die Flucht

Papa bezahlte einen geheimen **Wachdienst**, der uns
sicher aus der Stadt und zur Landesgrenze bringen
sollte. Zuerst wollten wir mit dem **Flugzeug fliegen**,
jedoch kontrollierten die gefährlichen Soldaten,
die auf der Suche nach uns waren, auch den
Flughafen. Es war zu gefährlich für uns, dort
hinzugehen. So brachten uns die Wachleute
mit einem **Auto** aus der Stadt. Papa musste
ihnen dafür sehr **viel Geld** bezahlen.

Wir trafen uns dort mit einem **befreundeten
Lastwagenfahrer**, der uns in seinem Wagen
versteckte, denn die Soldaten verfolgten uns.

So fuhren wir mehrere Tage durch die Wüste. Es war
heiß und **sehr eng** in dem Lastwagen. Die Luft war
stickig und ich hatte Angst, dass ich irgendwann ersticken
würde. Ich sehnte mich nach frischer Luft und etwas zu trinken.

Als wir endlich die Soldaten abgehängt hatten, mussten wir **zu Fuß**
weiter. Es war heiß und meine Schuhsohlen brannten. Ich wollte
nicht mehr weitergehen, aber wir mussten **bis zur Dunkelheit** die
nächste Stadt erreichen.

Dort angekommen, waren meine Eltern sehr froh, dass uns keiner
erkannte. Ihr müsst wissen, dass Papa ein **bekannter Reporter**
war.

Wir suchten uns einen Weg durch die Straße zum **Busbahnhof**.
Wir wollten mit dem Bus zur Grenze fahren und dort einen **Schlepper**
bezahlen. Ein Schlepper ist ein Mann, der Menschen gegen Geld
heimlich über Grenzen schmuggelt.

© Verlag an der Ruhr | Autorin: Kira Janello | Illustration: © Katja Hillscher | ISBN 978-3-8346-3789-5 | www.verlagruhr.de

Die Busfahrt war sehr angenehm. Ich war von der Flucht so erschöpft, dass ich direkt einschlief. In der Grenzstadt angekommen, brachte uns der Schlepper zu einem **Lastwagen**, in dem schon viele andere geflüchtete Menschen saßen. Die Türen wurden geschlossen und es wurde **stockfinster**. Ich kuschelte mich an Mama und hoffte, dass uns die Grenzsoldaten nicht erwischen würden.

Eine Stunde später waren wir endlich in **Kenia**, einem Nachbarland. Von dort ging unsere Reise **zu Fuß** und mit dem **Bus** weiter, bis wir endlich die **Stadt Mombasa** erreichten, von der wir einen **Flug nach Deutschland** nahmen.

© Verlag an der Ruhr | Autorin: Kira Janello | Illustration: © Katja Hillscher | ISBN 978-3-8346-3789-5 | www.verlagruhr.de

Yonis aus Somalia

Die Ankunft in Deutschland

Wir hatten einen kurzen Zwischenstopp in der Türkei und landeten dann an einem riesigen Flughafen in **Frankfurt am Main**. Wir waren so glücklich, dass unsere Flucht geklappt hatte und wir endlich in **Sicherheit** waren. Die **Polizei** brachte uns in einen kleinen Raum, in dem sie uns **viele Fragen** stellte. Ich verstand keine davon, aber mein Papa konnte sehr gut **Englisch** und unterhielt sich mit den Polizisten auf dieser Sprache.

Es dauerte nicht lange und wir wurden von der Polizei zum **Bahnhof** gebracht. Dort sollten wir einen Zug nehmen zu einer **Flüchtlingsunterkunft**.

Im Zug wurde mir bewusst, dass in Deutschland alle Menschen eine weiße **Hautfarbe** haben und wir aufgrund unserer Hautfarbe von vielen Menschen angeguckt wurden. Zunächst fand ich das sehr komisch und fühlte mich sehr fremd, aber dann gefiel mir der Gedanke, **anders als die anderen zu sein**.

Als wir endlich im Flüchtlingslager ankamen, waren wir Kinder so **erschöpft** von der langen Reise, dass wir direkt schlafen gehen wollten. Aber das war nicht so einfach, denn auch dort dauerte es eine gefühlte Ewigkeit, bis wir an der Reihe waren und aufgenommen wurden. Die Menschen waren sehr lieb und gaben uns frisches Wasser und etwas Warmes zu essen.

Wir übernachteten von nun an in einer **Turnhalle** mit vielen anderen geflüchteten Menschen. Die Turnhalle stand voll mit Stockbetten. Ich habe noch nie so viele Betten in einem Raum gesehen.

Nachts war es **sehr laut**, sodass ich oft aufwachte und nachschaute, ob meine Geschwister und meine Eltern noch in meiner Nähe waren.

Wir gewöhnten uns sehr schnell an das Leben in der Turnhalle.

© Verlag an der Ruhr | Autorin: Kira Janello | Illustration: © Katja Hillscher | ISBN 978-3-8346-3789-5 | www.verlagruhr.de

Dreimal am Tag gab es einen Gong und wir bekamen etwas zu essen. Draußen konnte ich mit anderen Kindern Ball spielen. Ich merkte, wie sehr ich das Leben in **Somalia vermisste**. Meine Freunde, das warme Wetter und unser kleines Haus.

Als ich in die deutsche **Schule** kam, war ich davor sehr aufgeregt. Ich hatte **Angst**, dass meine Klassenkameraden mich nicht mögen würden. Aber vor allem hatte ich Angst, dass mich niemand verstehen würde und ich niemanden fragen konnte.

Meine Geschwister waren alle älter als ich und gingen auf eine andere Schule für ältere Kinder. Ich war also allein in der neuen Schule.

Meine neue Lehrerin begrüßte mich freudig und sagte etwas, was ich nicht verstand. Ich musste anfangen, zu weinen, und wollte weglaufen – nur wohin? Den Weg zum Flüchtlingsheim würde ich niemals allein finden. Also blieb ich in der Schule. Die anderen Kinder starrten mich an.

In der Pause blieb ich bei meiner Lehrerin auf dem Pausenhof. Die anderen Kinder spielten. Ich hätte sehr gern mit ihnen gespielt, aber ich wusste nicht, wie ich sie fragen sollte. Meine Lehrerin merkte, dass ich die Jungs aus meiner Klasse beim Fußballspielen beobachtete, und ging mit mir zu ihnen. Sie sprach kurz mit ihnen und zeigte dann auf ein Tor und eine Mannschaft, die mich anlächelte. Ich wusste sofort, was sie damit meinte, und lief los, um mit meinen neuen Freunden Fußball zu spielen.

Seitdem gehe ich sehr gern in die Schule und die Jungen aus meiner Klasse bewundern mich dafür, wie gut ich Fußball spielen kann.

Papa hat mir erzählt, dass wir bald eine kleine Wohnung für unsere Familie bekommen und aus der Turnhalle ausziehen. Darauf freue ich mich schon sehr, aber eines Tages, wenn der Terror aufgehört hat, möchte ich wieder nach Somalia, in mein geliebtes Land.

© Verlag an der Ruhr | Autorin: Kira Janello | Illustration: © Katja Hillscher | ISBN 978-3-8346-3789-5 | www.verlagruhr.de

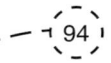

Ahmad aus Syrien

Das Leben in Syrien

Ich heiße Ahmad und komme aus **Syrien**. Syrien ist ein Land am **Mittelmeer**, direkt unterhalb der **Türkei**. Die **Hauptstadt** heiß **Damaskus** und dort leben viele Menschen. Die Natur in Syrien ist sehr schön. Dort gibt es eine lange Küste, an der man baden kann.

Das **Wetter** ist in Syrien heißer und trockener als in Deutschland, aber die Menschen haben sich an das Wetter gewöhnt. Wir haben in Syrien auch hohe **Berge**, eine **Wüste** und viele große **Flüsse**. Die Natur ist sehr vielseitig. Dafür haben wir nicht so viel Wald und auch nicht so viele große **Tiere**, aber wir haben den Goldhamster, der stammt nämlich aus Syrien.

Syrien ist ein sehr **schönes Land**. Wir sprechen **Arabisch** und ein paar andere Sprachen, wie zum Beispiel **Englisch**.

Ich komme aus der **Stadt Aleppo**. Das ist die zweitgrößte Stadt Syriens.

Meine Familie und ich wohnten früher dort in einem sehr schönen, **großen Haus** auf vier Etagen. Wir hatten auch einen großen Garten, in dem wir immer gespielt haben und unsere Freunde zum Grillen eingeladen haben. In unserem **Garten** wuchsen viele Orangen, Zitronen und Oliven. Meine **Großeltern** wohnten mit in unserem Haus. Es war sehr schön, viel Zeit mit ihnen zu verbringen.

Meiner Familie **gehörten** mehrere kleine **Supermärkte** in Aleppo. Nach der Schule bin ich oft in den Laden gegangen und habe mit meinen Geschwistern im Lager gespielt. Manchmal wurde Mama sauer, wenn wir wieder große Unordnung gemacht hatten. Dann schickte sie uns nach Hause, wo unsere Oma auf uns wartete. Sie backte immer **frisches Fladenbrot**, was wir Kinder liebten. **Papa** war nachmittags oft arbeiten. Er war **Arzt** in einem Krankenhaus in **Aleppo**.

© Verlag an der Ruhr | Autorin: Kira Janello | Illustration: © Katja Hillscher | ISBN 978-3-8346-3789-5 | www.verlagruhr.de

© romantiche – Fotolia.com

Wir Kinder besuchten eine **private Schule** in der Stadt, genau wie unser Vater früher. Dort lernten wir sehr viel. Wenn ich groß bin, möchte ich auch Arzt werden und den Menschen helfen. An zwei Tagen der Woche besuchte ich das **Schwimmtraining**. Damals war ich ein sehr guter Schwimmer.

© Verlag an der Ruhr | Autorin: Kira Janello | Illustration: © Katja Hillscher | ISBN 978-3-8346-3789-5 | www.verlagruhr.de

Ahmad aus Syrien

Die Gründe für die Flucht

Ich kann mich noch an die Zeit erinnern, als viele Menschen in Syrien auf die Straße gingen und gegen unseren Anführer **protestierten**. Protestieren heißt, friedlich für seine Meinungen einzustehen und diese zu zeigen. Ich konnte von meinem Zimmer aus die Straße beobachten. Dort waren viele Menschen, vor allem Männer, die **Schilder** in die Luft hielten und irgendetwas brüllten. Plötzlich fielen **Schüsse** und die Menschenmenge rannte auseinander.

Von diesem Zeitpunkt an begann der **Krieg** in Syrien. Ich habe nie so richtig verstanden, wie es so weit kommen konnte, aber die Straßen waren von nun an mit Soldaten und **verfeindeten Truppen** ge-füllt. Der Krieg brachte unser schönes Leben durchein-ander, **alles veränderte sich. Papa** war kaum noch zu Hause. Es gab so viele **Verletzte** und er musste immer länger im Krankenhaus **arbeiten**. Die **Schule war geschlossen**, da es zu gefährlich war, zur Schule zu gehen. Da es unseren Eltern sehr wichtig war, dass wir alle eine gute Schulausbildung hatten, kam nun jeden Tag ein **Privatlehrer** zu uns, um uns zu unterrichten.

Die **Straßen waren schnell leer**, nur ab und an sah man, wie sich Menschen im Schatten der Häuser versteckten und versuchten, von einem Haus zum anderen zu gelangen. Es dröhnte oft, als wieder eine Bombe fiel oder geschossen wurde. Ich zuckte jedes Mal zusammen und rannte mit meinen Geschwistern in den Keller. Dort kauerten wir uns in eine Ecke, hielten uns an den Händen fest und beteten, dass keine Bombe unser Haus treffen würde.

Ich machte mir **große Sorgen** um meine Verwandten und Freunde, denn jeden Tag starben viele Menschen im Krieg und ich hatte Angst um jeden, der mir lieb war. Meine **Freunde** konnte ich auch nicht mehr sehen. Keiner traute sich aus seinen Häusern nach draußen. Auch Papa ging nun nicht mehr ins **Krankenhaus**, da es von einem Bombenangriff völlig **zerstört worden war**. Er hatte

© Verlag an der Ruhr | Autorin: Kira Janello | Illustration: © Katja Hillscher | ISBN 978-3-8346-3789-5 | www.verlagruhr.de

großes Glück, denn zum Zeitpunkt des Angriffs war er bei meinem Onkel gewesen, um ihn zu verarzten, weil er bei einem Angriff von einem Stein getroffen worden war.

Nach einiger Zeit des Krieges ging uns das **Essen** aus. Auch die Läden von meiner Familie waren leer. Jedes Regal war geplündert worden, weil die Menschen Sachen gestohlen hatten, um nicht zu verhungern. Ihr müsst wissen: Wenn es kaum noch etwas zu essen in einem Land oder in einer Stadt gibt, dann ist auch das **Geld wertlos**. Denn die Menschen fangen an, zu **klauen**. Nicht, weil sie Diebe sind, sondern, weil sie Angst um ihr Leben haben und Angst haben zu **verhungern**. Dann denken sie nur noch an sich und ihre Familien.

Mama hatte Glück und konnte noch für sehr viel Geld etwas Mehl und Salz kaufen. Sie hatte schreckliche Angst, dass wir verhungern würden. Als die Zustände in der Stadt immer schlimmer wurden und fast alle **Häuser** und auch unser Haus völlig **zerstört** waren, entschied sich meine Familie, zu **fliehen**. Wir wollten in **Sicherheit** leben und nicht jede Minute um unser Leben fürchten.

© Verlag an der Ruhr | Autorin: Kira Janello | Illustration: © Katja Hillscher | ISBN 978-3-8346-3789-5 | www.verlagruhr.de

Ahmad aus Syrien

Die Flucht

Ich war sehr **traurig**, die Stadt und das **Land zu verlassen**. Ich erinnerte mich an die Zeit vor dem Krieg und mir liefen Tränen die Wangen hinunter. Am traurigsten machte mich, dass meine **Großeltern** nicht mitkommen konnten. Großvater war schon länger krank und hatte nicht die Kraft, eine solche Reise auf sich zu nehmen. Papa beruhigte uns und erklärte, dass wir Oma und Opa sobald wie möglich nachholen würden.

Wir packten unsere Rucksäcke. Doch viel konnten wir nicht mitnehmen. Alle Spielsachen mussten in Syrien bleiben. Ich konnte nur ein paar **Kleidungsstücke** und **Wertsachen** mitnehmen. Dann begann eine **sehr lange Reise**.

Meine Familie und ich schafften es mit unserem **Auto** in die nächste Stadt. Aber nach einigen Tagen fingen auch dort schlimme Kämpfe an und wir fühlten uns nicht mehr sicher. Meine Eltern verkauften unser Auto und den Schmuck von Mama. Wir machten uns **zu Fuß** auf den Weg **zur türkischen Grenze**. Dort angekommen, sahen wir einen riesigen Zaun und viele Polizisten. Denn ohne **eine Erlaubnis**, **ein Visum**, durften wir nicht einreisen.

Als die Polizisten unaufmerksam waren, zwängten wir uns durch ein kleines Loch im Zaun. Wir rannten um unser Leben und **versteckten uns** in einem kleinen Wald, damit die Polizisten uns nicht entdeckten. Nach einer Weile konnten wir weiterziehen. Wir liefen, bis uns die Füße wehtaten und wir eine kleine Stadt erreichten. Dort mussten wir alle draußen schlafen. Wir hörten, dass in Deutschland niemand auf den Straßen schlafen muss, und somit entschieden wir uns, das ganze Land zu durchqueren, um ans **Mittelmeer** zu gelangen. Wir wanderten, dann fuhren wir wieder ein kleines Stück mit dem **Bus**, immer so weiter. Wir waren sehr **erschöpft**, als wir endlich in der **Hafenstadt Bodrum** ankamen und auf das glitzernde Meer schauten. Seit dem Tag unserer Flucht waren nun **mehrere Wochen** vergangen.

© Verlag an der Ruhr | Autorin: Kira Janello | Illustration: © Katja Hillscher | ISBN 978-3-8346-3789-5 | www.verlagruhr.de

Meine Eltern versuchten, dass wir mit einer Fähre nach Griechenland über das Meer fahren konnten, aber ohne eine Erlaubnis, ein Visum, war dies nicht möglich. Schnell lernte Papa Männer kennen, die uns auch ohne Visum **auf kleinen Booten** über das Meer bringen wollten. Diese Männer heißen **Schlepper**. Dafür sollten meine Eltern **pro Person 1 200 Euro bezahlen**. Wir waren zu siebt. Ich fand das ganz schön teuer, für sieben Plätze auf einem kleinen Schlauchboot.

Zusammen mit 35 anderen Flüchtlingen begann die **Schiffsfahrt mitten in der Nacht**. Unser Gepäck mussten wir bei den Schleppern lassen. Sie sagten, dass sie es mit einem anderen Boot schicken wollten. Das Wasser spritzte mir ins Gesicht. Es wehte ein kräftiger Wind. Ich kann mich noch daran erinnern, dass mir sehr kalt war. Ich **hatte Angst und großen Hunger**. Meine zwei kleinen Schwestern weinten, weil sie so große Angst hatten, zu ertrinken. Auch Mama sah sehr verängstigt aus, denn das Boot wackelte wie verrückt.

Als wir endlich die Lichter einer griechischen Stadt sahen, atmeten wir auf. Wir erreichten den Strand und kletterten hastig aus dem Boot. Unser Gepäck erreichte uns jedoch nicht. Die bösen Schlepper hatten nicht nur viel Geld verdient, obwohl wir alle hätten ertrinken können, sondern haben auch noch unsere ganzen **Sachen geklaut**.

Papa hatte zum Glück noch Bargeld in seiner Tasche. Wir kauften ein kleines **Zelt**, das wir mit vielen anderen Flüchtlingen in einem Stadtpark aufstellten. Dort blieben wir eine Woche, um uns von der langen Reise zu erholen. **Wir waren völlig erschöpft.** Von **Griechenland** ging es im Dunkeln über die Grenze nach **Serbien**. Dort musste unsere Familie wieder einen Schlepper bezahlen, der uns nach Ungarn bringen sollte. Das letzte Geld bezahlte unser Vater dafür. Von nun an hatten wir weder Trinken noch Essen. Wir waren auf **hilfsbereite Menschen in den Ländern** angewiesen. Ich erinnere mich daran, dass **mir immer kalt** war, denn meine Winterjacke war in dem Gepäck, das uns die Schlepper gestohlen hatten.

In **Ungarn** angekommen, folgten wir den **Bahngleisen**, damit wir uns im Wald nicht verliefen. An der Grenze warteten wir, bis es dunkel war, damit wir nicht von Polizisten erwischt wurden. **Ich fühlte mich wie ein Verbrecher**, obwohl wir doch auf der Flucht waren. Die Nächte verbrachten wir von da an immer im Freien.

© Verlag an der Ruhr | Autorin: Kira Janello | ISBN 978-3-8346-3789-5 | www.verlagruhr.de

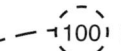

Wir hatten nur Kartons, mit denen wir uns zudecken konnten. Mir war kalt und ich hatte Angst, **große Angst**. Unser Onkel konnte Papa etwas Geld überweisen, damit wir einen anderen Schlepper bezahlen konnten und uns endlich etwas zu essen und zu trinken kaufen konnten.

Der **Schlepper** brachte uns zu einem **Lastwagen**, in dem wir uns versteckten und der **uns durch Österreich bis nach Deutschland** bringen sollte. Ich weiß noch ganz genau, dass ich nicht in den dunklen, großen Lastwagen einsteigen wollte. Bis nach Deutschland sollte die Fahrt viele Stunde dauern. Wir kauerten uns in die letzte Ecke des Lastwagens und hofften, dass wir sicher in Deutschland ankommen würden. Wir mussten dem Mann vertrauen und auch dem Schlepper, obwohl wir zuvor schon so viele schlimme Erfahrungen mit diesen Männern gemacht hatten.

© Verlag an der Ruhr | Autorin: Kira Jonello | Illustration: © Katja Hillscher | ISBN 978-3-8346-3789-5 | www.verlagruhr.de

Ahmad aus Syrien

Die Ankunft in Deutschland

An der **Grenze zu Deutschland** stoppte der Lastwagen plötzlich und viele **Polizisten** öffneten die Türen des Wagens. Sie leuchteten mit ihren Taschenlampen in das Innere des Lastwagens und entdeckten uns. Ich fing an, zu weinen, und hatte **Angst**, dass sie uns nach mehreren Monaten auf der Flucht wieder zurück nach Syrien bringen würden. Die Polizisten waren jedoch sehr nett und gaben uns Decken, etwas zu essen und zu trinken. Papa konnte auf **Englisch** mit den Polizisten sprechen.

Schnell war klar, dass sie uns in ein Flüchtlings-lager in der Nähe der Grenze bringen würden. Ein **Flüchtlingslager in Deutschland!** Ich war **überglücklich** und **froh**, dass unsere Flucht endlich ein Ende hatte und wir in **Sicherheit** waren.

Wir kamen in ein **Flüchtlingslager** in der Nähe von **München**. Alles war so anders hier. Ich fühlte mich sehr einsam, obwohl hier so viele Menschen lebten, denn ich **verstand niemanden**. Alle stellten uns Fragen, doch ich wusste nicht, was sie von uns wollten. Zum Glück konnte Papa mit einem Mann auf **Englisch** sprechen und ihm unsere Fluchtgeschichte erzählen.

Im Flüchtlingslager mussten wir uns ein kleines **Zimmer teilen**. Ich träumte jede Nacht von Syrien, dem Krieg und von Oma und Opa. Nach einiger Zeit sind meine Geschwister und ich in die **Schule** und den Kindergarten gekommen. Dort haben wir neue Sachen gelernt. Ich musste allein in eine neue Klasse gehen. Meine kleineren Ge-schwister waren alle im Kindergarten und meine älteren Geschwister in höheren Klassen oder sogar auf einer anderen Schule. Das letzte Mal, dass ich zur Schule gegangen war, war nun fast zwei Jahre her.

Ich hatte **Angst vor der Schule** und fühlte mich sehr allein. Im Flüchtlingslager hatte ich zum Glück meine Geschwister um mich herum, aber in der neuen Schule war ich **ganz allein**.

© Verlag an der Ruhr | Autorin: Kira Janello | Illustration: © Katja Hillscher | ISBN 978-3-8346-3789-5 | www.verlagruhr.de

Es war frustrierend und hat mich wütend gemacht, denn ich habe **niemanden verstanden**. Ich konnte nur „Ja" oder „Nein" sagen. Ich habe mich geschämt und mich sehr ausgeschlossen gefühlt. Jeden Tag saß ich allein im Klassenzimmer oder auf dem Schulhof und habe den anderen Kindern beim Spielen zugesehen, obwohl ich so gern mitgespielt hätte. Aber ich habe mich einfach nicht getraut und wusste nicht, wie ich fragen sollte.

An einem gewöhnlichen Tag, als ich wieder allein in der Schulhof-ecke stand, kam ein **Junge** aus meiner Klasse zu mir und wollte mit mir **spielen**. Ich war so glücklich und froh, nicht mehr allein sein zu müssen, und begann, durch meinen neuen Freund Tim Deutsch zu lernen. Schnell wollten auch die anderen Kinder in meiner Klasse mit mir befreundet sein. Es war so schön, dass sie alle versuchten, mir **Deutsch beizubringen**. Sie zeigten auf Gegenstände und sagten das deutsche Wort, ich wiederholte es und musste ihnen sagen, wie der Gegenstand auf meiner Sprache heißt. Das fand ich sehr schön. Von da an ging ich sehr gern in die Schule.

Trotzdem wachte ich noch jede Nacht auf und dachte an unsere Flucht, Oma und Opa, meine Onkel und Tanten und meine Cousins und Cousinen in Syrien und hoffte, dass es ihnen gut geht.

© Verlag an der Ruhr | Autorin: Kira Janello | Illustration: © Katja Hillscher | ISBN 978-3-8346-3789-5 | www.verlagruhr.de

Ablaufplan der Stunde:

Kommt in den **Sitzkreis**. Gemeinsam sprechen wir über unser **Tagesziel**.

Beantwortet die Fragen zum Heimatland eures Kindes. Sucht die Informationen und Antworten in der **Geschichte**, den **Bildern** oder den Landkarten.

Beantwortet die Forscherfrage gemeinsam, indem ihr die Informationen aus den Fragen benutzt und darüber sprecht. Notiert eure Ergebnisse in eurem Expertenheft. Wenn die Zeit noch reicht, arbeitet an der Zusatzaufgabe.

Der **Vorleser** liest der Gruppe die passende Geschichte vor. **Achtet** dabei auf die **Forscherfrage** und die **Überschrift** des Kapitels.

Füllt den **Selbsteinschätzungsbogen** aus.

Verteilt die **Rollen** in eurer Expertengruppe für die **nächste Einheit** und tragt eure Namen in die Tabelle ein. Vergesst nicht, das **Datum** zu notieren.

Der Materialbeschaffer räumt den Platz auf. Kommt gemeinsam in den **Sitzkreis.** Der Berichterstatter stellt die Infos vor. und sprecht über die Informationen, die ihr herausgefunden habt.

© Verlag an der Ruhr | Autorin: Kira Janello | ISBN 978-3-8346-3789-5 | www.verlagruhr.de

Kinder auf der Flucht

Land der Expertengruppe:

....

Experten:

....

© Verlag an der Ruhr | Autorin: Kira Janello | ISBN 978-3-8346-3789-5 | www.verlagruhr.de

Kinder in den Geschichten und Länderflaggen

© detakstudio – Fotolia.com
© DR – Fotolia.com
© romantiche – Fotolia.com
© romantiche – Fotolia.com
© romantiche – Fotolia.com
© panya – Fotolia.com
© romantiche – Fotolia.com

© Verlag an der Ruhr | Autorin: Kira Jonello | Illustration: © Katja Hiltscher | ISBN 978-3-8346-3789-5 | www.verlagruhr.de

Hier finden wir Informationen:

Yonis aus Somalia

Die Gründe für die Flucht

Eines Tages, als wir wieder mit unseren Freunden vor dem Haus Fußball spielten, kam eine **Truppe von Soldaten** mit einem Geländewagen angefahren. Wir versteckten uns schnell hinter einer Hauswand und warteten zitternd, bis die Soldaten außer Sichtweite waren.

Plötzlich hörten wir lautes Geschrei. Ich verstand sehr schnell, dass es aus unserem Haus kam. Meine Geschwister und ich rannten so schnell wir konnten dorthin. Was wir sahen, waren fünf Männer mit Waffen, die meiner Mutter ihr **buntes Kopftuch** heruntergerissen hatten. Zwei andere gingen durch unser Haus und **schlugen alles kaputt**, was sie finden konnten. Sie schrien meine Mutter an, dass sie nie wieder ein buntes Kopftuch anziehen dürfte, sondern nur noch **ein schwarzes**, das sie bis auf die Augen komplett verschleiert.

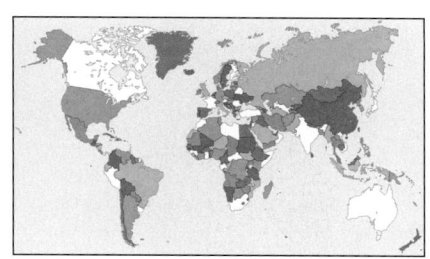

© kartoxim – Fotolia.com

in Bildern   **in den Geschichten der geflüchteten Kinder**   **in Landkarten**

Das hilft uns beim Suchen von Informationen:

Yonis aus Somalia

Die Gründe für die Flucht ◄

Eines Tages, als wir wieder mit unseren Freunden vor dem Haus Fußball spielten, kam eine **Truppe von Soldaten** mit einem Geländewagen angefahren. Wir versteckten uns schnell hinter einer Hauswand und warteten zitternd, bis die Soldaten außer Sichtweite waren.

Plötzlich hörten wir lautes Geschrei. Ich verstand sehr schnell, dass es aus unserem Haus kam. Meine Geschwister und ich rannten so schnell wir konnten dorthin. Was wir sahen, waren fünf Männer mit Waffen, die meiner Mutter ihr **buntes Kopftuch** heruntergerissen hatten. Zwei andere gingen durch unser Haus und **schlugen alles kaputt**, was sie finden konnten. Sie schrien meine Mutter an, dass sie nie wieder ein buntes Kopftuch anziehen dürfte, sondern nur noch **ein schwarzes**, das sie bis auf die Augen komplett verschleiert.

Dick gedruckte Signalwörter können euch beim Finden von Informationen helfen.

Für die Suche der Informationen helfen euch auch die Überschriften.

© Verlag an der Ruhr | Autorin: Kira Janello | Illustration: © Katja Hillscher | ISBN 978-3-8346-3789-5 | www.verlagruhr.de

Aufgabenverteilung für unsere Expertenarbeit

Aufgabe:	Datum und Name:			
Materialbeschaffer				
Schreiber				
Berichterstatter				
Leisewächter				
Vorleser				

© Verlag an der Ruhr | Autorin: Kira Janello | Illustrationen: © Katja Hillscher | ISBN 978-3-8346-3789-5 | www.verlagruhr.de

Arbeitsblatt – das Land

Name .... aus Land ....

Was erfährst du von .... zu seinem/ihrem Land ....?

....

....

....

....

Wie hat .... in .... gelebt? Beschreibt!

....

....

....

....

.... Leben in .... – was erinnert euch davon an euer Leben in

Deutschland?

....

....

....

....

© Verlag an der Ruhr | Autorin: Kira Janello | Illustration: © Katja Hillscher | ISBN 978-3-8346-3789-5 | www.verlagruhr.de

Datum ....

 ## Unsere Forscherfrage:

> # Wie sehen die Heimatländer der geflüchteten Kinder aus? Wie leben die Menschen dort?

Das haben wir herausgefunden:

....

....

....

....

Hier kannst du deine Entdeckungen auch zeichnen:

© Verlag an der Ruhr | Autorin: Kira Janello | Illustration: © Anja Boretzki | ISBN 978-3-8346-3789-5 | www.verlagruhr.de

<u>Zusatzaufgabe:</u>
Das Land und das Leben dort

 **Sprecht und diskutiert über eure Meinungen!**

1. Wie unterscheidet sich das Land von Deutschland?

2. Wie unterscheidet sich das Leben zu eurem Leben
in Deutschland?

3. Welche Gemeinsamkeiten fallen euch zu eurem Leben auf?

4. Malt gemeinsam ein Bild von dem Leben in dem Land.
Nutzt dafür ein weißes Blatt.

© Verlag an der Ruhr | Autorin: Kira Janello | ISBN 978-3-8346-3789-5 | www.verlagruhr.de

Arbeitsblatt – Gründe für die Flucht

.... aus ....

Wie hat sich das Leben für .... in .... verändert?

....

....

....

....

Warum hat sich das Leben von .... und seiner/ihrer Familie

in .... so verändert?

....

....

....

....

Wie fühlt sich .... und warum fühlt er/sie sich so?

....

....

....

....

....

© Verlag an der Ruhr | Autorin: Kira Janello | Illustration: © Katja Hillscher | ISBN 978-3-8346-3789-5 | www.verlagruhr.de

Selma aus Serbien

Wie unterscheidet sich Selmas Leben vom Leben
der anderen serbischen Kinder?

....

....

....

....

Warum unterscheidet sich Selmas Leben vom Leben der anderen serbischen Kinder?

....

....

....

....

Wie fühlt sich Selma und warum fühlt sie sich so?

....

....

....

....

....

© Verlag an der Ruhr | Autorin: Kira Janello | Illustration: © Katja Hiltscher | ISBN 978-3-8346-3789-5 | www.verlagruhr.de

Datum ....

 **Unsere Forscherfrage:**

Warum fliehen die Kinder aus ihren Heimatländern?

Das haben wir herausgefunden:

....

....

....

....

....

Hier kannst du deine Entdeckungen auch zeichnen:

© Verlag an der Ruhr | Autorin: Kira Janello | Illustration: © Anja Boretzki | ISBN 978-3-8346-3789-5 | www.verlagruhr.de

Zusatzaufgabe:
Die Fluchtgründe

 **Sprecht und diskutiert über eure Meinungen!**

1. Schaut euch unsere Sonne mit den menschlichen Grundbedürfnissen und die Dinge an, die wir zum Leben brauchen. Überlegt, welche davon das Kind und dessen Familie nicht mehr haben. Begründet gemeinsam!

2. Was hat unsere Gedankenlandkarte mit den Dingen, die wir zum Leben brauchen, mit den weltweiten Fluchtgründen zu tun?

© Verlag an der Ruhr | Autorin: Kira Janello | ISBN 978-3-8346-3789-5 | www.verlagruhr.de

Arbeitsblatt – die Flucht

.... aus ....

Welche Transportmittel benutzt .... Familie auf der Flucht?

....

....

....

Welche Länder durchquert die Familie während ihrer Flucht?

....

....

....

Welche Schwierigkeiten gab es auf der Flucht?

....

....

....

Wie fühlt sich .... ?

....

....

....

© Verlag an der Ruhr | Autorin: Kira Janello | Illustration: © Katja Hillscher | ISBN 978-3-8346-3789-5 | www.verlagruhr.de

Datum ....

Unsere Forscherfrage:

Wie flüchten die Kinder mit ihren Familien?

Das haben wir herausgefunden:

....

....

....

....

....

Hier kannst du deine Entdeckungen auch zeichnen:

© Verlag an der Ruhr | Autorin: Kira Janello | Illustration: © Anja Boretzki | ISBN 978-3-8346-37789-5 | www.verlagruhr.de

Zusatzaufgabe: Die Flucht

 **Sprecht und diskutiert über eure Meinungen!**

1. Was würdet ihr mit in den Urlaub nehmen?
   Sucht euch **gemeinsam** 20 Dinge aus!
   Malt und schreibt sie in den Urlaubskoffer.

2. Wie viele Gegenstände würdet ihr mitnehmen,
   wenn ihr auf der Flucht seid?
   Begründet gemeinsam!

3. Was würdet ihr in euren Koffer packen, wenn ihr
   auf der Flucht seid? Sucht euch **gemeinsam**
   7 wichtige Dinge aus! Malt und schreibt sie
   in den Fluchtkoffer.

© Verlag an der Ruhr | Autorin: Kira Janello | ISBN 978-3-8346-3789-5 | www.verlagruhr.de

© Verlag an der Ruhr | Autorin: Kira Janello | Illustrationen: © Katja Hillscher | ISBN 978-3-8346-3789-5 | www.verlagruhr.de

Der Urlaubskoffer:

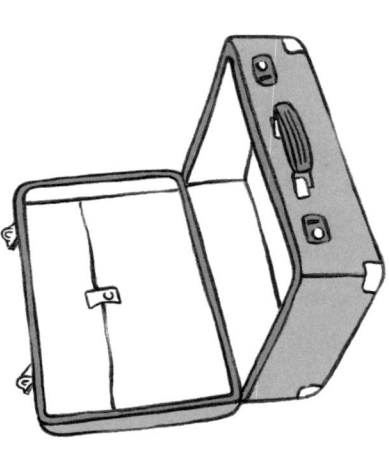

Warum habt ihr euch für diese Dinge entschieden? Begründet gemeinsam!

Der Fluchtkoffer:

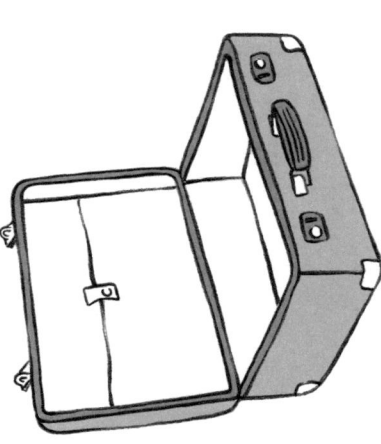

Warum habt ihr euch für diese Dinge entschieden? Begründet gemeinsam!

Arbeitsblatt – Ankunft in Deutschland

.... aus ....

Wo wohnt .... mit seiner/ihrer Familie in Deutschland?

....

....

....

....

Wie fühlt sich .... in Deutschland?

....

....

....

....

Wie fühlt sich .... in der neuen Schule in Deutschland?

....

....

....

....

Wie können wir den geflüchteten Kindern in unserer Schule helfen?

....

....

....

© Verlag an der Ruhr | Autorin: Kira Janello | Illustration: © Katja Hillscher | ISBN 978-3-8346-3789-5 | www.verlagruhr.de

Datum ....

 **Unsere Forscherfrage:**

> # Was passiert mit den geflüchteten Kindern in Deutschland?

Das haben wir herausgefunden:

....

....

....

....

....

Hier kannst du deine Entdeckungen auch zeichnen:

© Verlag an der Ruhr | Autorin: Kira Janello | Illustration: © Anja Boretzki | ISBN 978-3-8346-3789-5 | www.verlagruhr.de

Zusatzaufgabe:
Ankommen in Deutschland

 **Sprecht und diskutiert über eure Meinungen!**

1. <u>Wann</u> und <u>wieso</u> habt ihr euch schon einmal fremd gefühlt? Füllt **gemeinsam** die Gedankenlandkarte aus und **sprecht** über eure Erfahrungen.

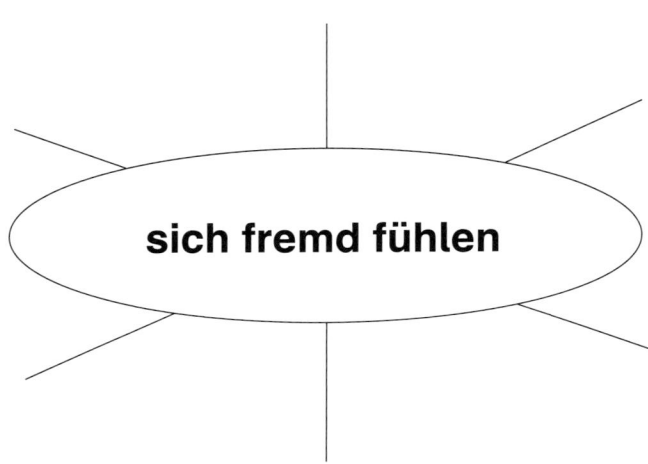

sich fremd fühlen

2. <u>Warum</u> fühlen sich die geflüchteten Kinder fremd?

3. **Vergleicht** eure Situation, in der ihr euch fremd gefühlt habt, mit der Situation der geflüchteten Kinder.

© Verlag an der Ruhr | Autorin: Kira Janello | ISBN 978-3-8346-3789-5 | www.verlagruhr.de

Forscherfragen

Wie sehen die Heimatländer der geflüchteten Kinder aus? Wie leben die Menschen dort?

Warum fliehen die Kinder aus ihren Heimatländern?

Wie flüchten die Kinder mit ihren Familien?

Was passiert mit den geflüchteten Kindern in Deutschland?

© Verlag an der Ruhr | Autorin: Kira Jonello | ISBN 978-3-8346-3789-5 | www.verlagruhr.de

Material Plakate

Land und Leben

Die Fluchtgründe

Die Flucht

Die Ankunft in Deutschland

© Verlag an der Ruhr | Autorin: Kira Janello | ISBN 978-3-8346-3789-5 | www.verlagruhr.de

Material Plakate

© Verlag an der Ruhr | Autorin: Kira Janello | ISBN 978-3-8346-3789-5 | www.verlagruhr.de

Diese besonderen Tiere leben dort:

Die Häuser sind:

Die Menschen dort sind:

Die Kinder dort mögen:

Der Name des Landes:

Die Nachbarländer:

Das Land ist:

Die Landschaft ist:

Das Wetter ist:

© kartoxjm – Fotolia.com

1. Wo liegt euer Land?
2. Zeichnet es in die Karte ein!

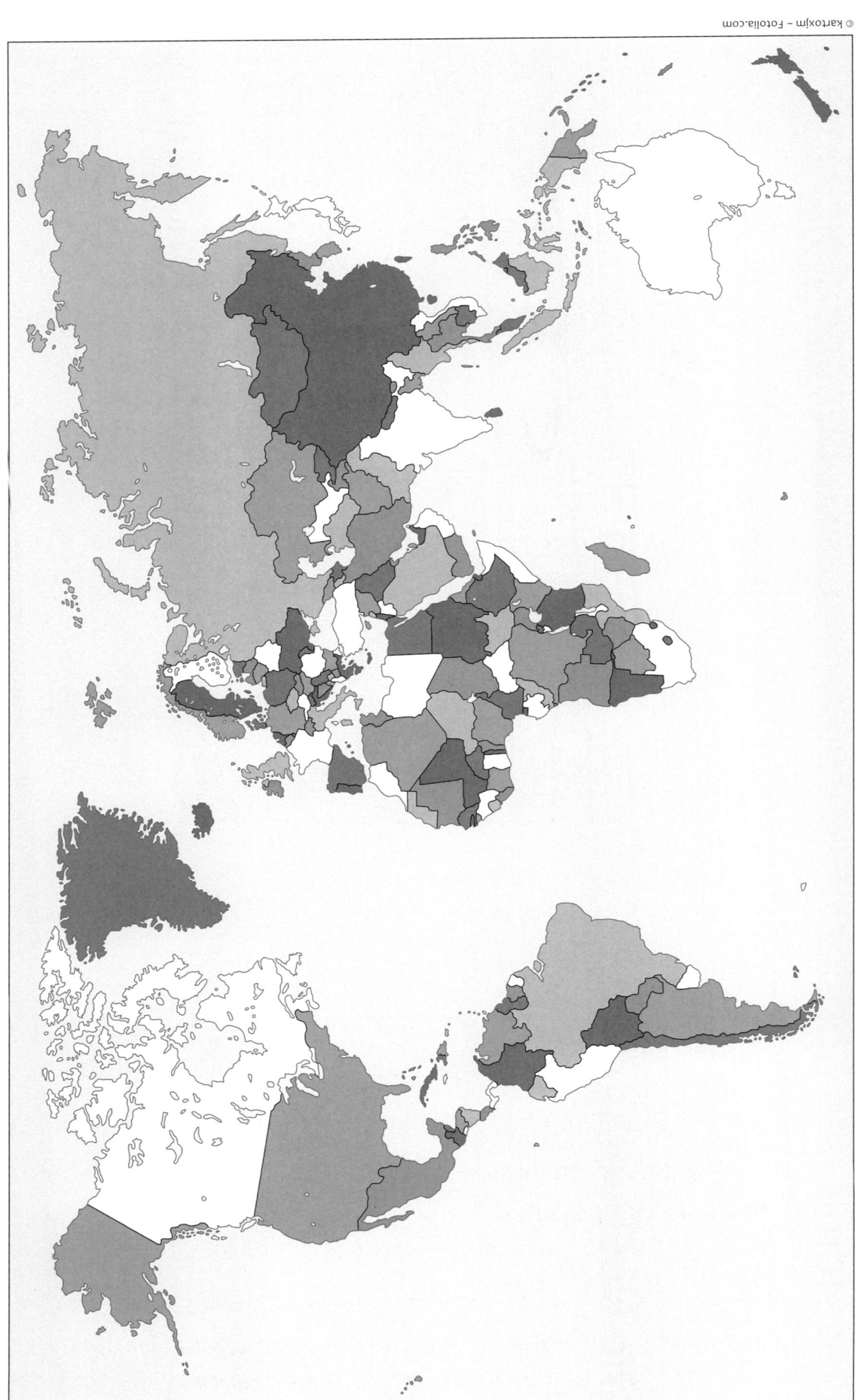

Kinder **auf der Flucht** – Geschichten aus dem Leben

© Verlag an der Ruhr | Autorin: Kira Jonello | ISBN 978-3-8346-3789-5 | www.verlagruhr.de

Sieben Flucht-geschichten im Vergleich

Präsentation der Lernplakate

Kompetenzerwartungen:

Die Schüler

❯ stellen die unterschiedlichen Fluchtgeschichten der Klasse vor,

❯ untersuchen diese auf Gemeinsamkeiten und Unterschiede,

❯ setzen diese in Verbindung mit den zuvor erlernten menschlichen Grundbedürfnissen

❯ bauen ein Verständnis und ein Mitgefühl gegenüber geflüchteten Kindern auf,

❯ entwickeln die Motivation und das Interesse, den Kindern zu helfen und ihnen den Schulalltag zu vereinfachen.

Illustration: © Katja Hillscher

Verlauf	Sozialform	Materialliste
Vorbereitung		
Die Unterrichtseinheit ist auf ca. 125 Minuten ausgelegt: ▶ Sie benötigen für die Vorstellung der Plakate eine magnetische Tafel oder eine Stellwand. ▶ Wichtig ist, dass die Gruppen ihre Vorträge vorher geübt haben und Sie Kriterien für einen Vortrag eingeführt haben. ▶ Kopieren Sie die Denkaufträge (S. 130) jeweils auf ein DIN-A4-Blatt. Der hier dargestellte Ablauf gilt als Vorschlag für jeweils eine Gruppe. Für jeden Vortrag wird der hier dargestellte Ablauf wiederholt.		☐ Lernplakate der Gruppen ☐ Denkaufträge (S. 130) ☐ ggf. zuvor erarbeitete Kriterien für den Vortrag ☐ Sonne (menschliche Grundbedürfnisse) (S. 32)
Einstieg		
Bilden Sie mit den Kindern einen Halbkreis vor der Tafel oder der Stellwand. Eine Gruppe hängt das Plakat auf. Besprechen Sie mit der Klasse die Denkaufträge und erklären Sie, worauf die Schüler während des Vortrages achten/worüber sie nachdenken sollen. Denkaufträge: 1) Wie war das Leben des Kindes vor der Flucht? 2) Warum ist das Kind geflüchtet? 3) Wie ist das Kind geflüchtet? 4) Wie war die Ankunft in Deutschland für das Kind? Hängen Sie die Denkaufträge (1–4) neben das Plakat oder legen Sie sie geordnet auf den Boden.	Halbkreis/ Plenum	☐ Denkaufträge ☐ Lernplakat
Arbeitsphase		
Die Gruppe stellt ihr Plakat vor.	Halbkreis/ Plenum	☐ Lernplakat ☐ Denkaufträge ☐ ggf. zuvor erarbeitete Kriterien für den Vortrag

© Verlag an der Ruhr | Autorin: Kira Janello | ISBN 978-3-8346-3789-5 | www.verlagruhr.de

Verlauf	Sozialform	Materialliste
Reflexion		
Die Klasse klatscht und kann der Gruppe, die ihr Lernplakat präsentiert hat, Fragen stellen. Geben Sie einen stummen Impuls und zeigen auf die Denkaufträge. Die Klasse gibt die Inhalte anhand der Denkaufträge (S. 130) wieder und die Gruppe korrigiert gegebenenfalls. Nachdem eine zweite Gruppe vorgetragen hat, sollen die Kinder die verschiedenen Fluchtbiografien miteinander vergleichen. Leiten Sie das Klassengespräch auf die menschlichen Grundbedürfnisse und stellen Sie einen Zusammenhang zu den Grundbedürfnissen und den Fluchtursachen her. Machen Sie die unterschiedlichen Fluchtursachen deutlich und setzen Sie diese immer wieder in Verbindung zu den menschlichen Grundbedürfnissen. <u>Zusatz:</u> Abschließend kann die Klasse der Gruppe ein Feedback zum Vortrag und zum Plakat geben. Dazu müssen jedoch zuvor Feedback-Regeln erarbeitet worden sein. Nachdem alle Gruppen ihre Plakate vorgestellt haben, regen Sie die Klasse dazu an, zu überlegen, wie die geflüchteten Kinder sich an ihrer Schule gefühlt haben, als sie ankamen, oder sich immer noch fühlen.	Halbkreis/ Plenum	☐ Lernplakat ☐ Denkaufträge ☐ Sonne (menschliche Grundbedürfnisse) ☐ ggf. zuvor erarbeitete Feedback-Kriterien

© Verlag an der Ruhr | Autorin: Kira Janello | ISBN 978-3-8346-3789-5 | www.verlagruhr.de

Denkaufträge

1 Wie war das Leben des Kindes vor der Flucht?

2 Warum ist das Kind geflüchtet?

3 Wie ist das Kind geflüchtet?

4 Wie war die Ankunft in Deutschland für das Kind?

© Verlag an der Ruhr | Autorin: Kira Janello | ISBN 978-3-8346-3789-5 | www.verlagruhr.de

Unser Projekt für geflüchtete Kinder an unserer Schule

Planung und Durchführung eines eigenen Integrationsprojekts

Kompetenzerwartungen:

Die Schüler

❯ lernen, eigenverantwortlich zu arbeiten,

❯ lernen, im Plenum über Schwierigkeiten und Probleme zu diskutieren,

❯ entwickeln gemeinsam eigene Lösungswege und setzen sie in Form von Projektideen und einer anschließenden Projektplanung um,

❯ lernen, die gesammelten Informationen in Form einer Ausstellung für die gesamte Schule zu organisieren.

Illustration: © Katja Hillscher

Verlauf	Sozialform	Materialliste
Vorbereitung		
Kopieren Sie das Arbeitsblatt zur Einzelarbeit (S. 134) im Klassensatz und das Arbeitsblatt zur Gruppenarbeit (S. 135) 7-mal (Anzahl Expertengruppen). Legen Sie den Denkauftrag 4 aus der 6. Einheit (s. 130) in den Sitzkreis.		☐ AB Einzelarbeit (S. 134) ☐ AB Gruppenarbeit (S. 135) ☐ Denkauftrag 4 (Einheit 6, S. 130)

Verlauf	Sozialform	Materialliste
Einstieg		
Treffen Sie sich mit Ihrer Klasse im Sitzkreis und legen Sie den Denkauftrag 4 (S. 12) (Wie war die Ankunft in Deutschland für das Kind?) in die Kreismitte. Die Klasse wiederholt das Gelernte und es wird deutlich, dass sich alle geflüchteten Kinder in der Schule zunächst einsam und allein fühlten. Erzählen Sie der Klasse, dass Sie gemeinsam ein Projekt planen und die Kinder entscheiden dürfen, wie sie den geflüchteten Kindern an ihrer Schule helfen wollen, sich wohlzufühlen. Stellen Sie die Frage und erläutern Sie den Arbeitsauftrag: *Was können wir hier an unserer Schule dagegen tun, dass sich die geflüchteten Kinder einsam und allein fühlen?* ▶ *Du kannst dir nun überlegen, was du tun kannst, um den geflüchteten Kindern an unserer Schule zu helfen.* ▶ *Arbeite dazu zunächst allein und triff dich danach mit deiner Expertengruppe und vergleicht eure Ergebnisse.* ▶ *Überlegt euch dann, was ihr gern machen möchtet.* ▶ *Wählt anschließend drei Ideen aus und schreibt sie in die Mindmap auf der Rückseite.* ▶ *Überlegt dann gemeinsam, wie ihr eure Ideen umsetzen könnt.* Entlassen Sie die Schüler zur Einzelarbeit aus dem Sitzkreis.	Sitzkreis/ Plenum	☐ Denkauftrag 4 (Einheit 6)

Verlauf	Sozialform	Materialliste
Arbeitsphase		
Die Kinder arbeiten allein an ihrem Arbeitsblatt (s. 134) und überlegen sich Ideen für ein Projekt. Geben Sie ein akustisches Signal und die alten Gruppen (sie können natürlich auch neue Gruppen bilden) treffen sich und tauschen sich aus. Anschließend entscheiden sie sich für drei Ideen und überlegen, wie sie diese umsetzen können (s. 135).	Einzelarbeit Gruppen- arbeit	☐ AB Einzelarbeit ☐ AB Gruppenarbeit

Verlauf	Sozialform	Materialliste
Reflexion		
Treffen Sie sich mit der Klasse im Sitzkreis. Die Gruppen stellen nacheinander ihre Ideen vor. Beispiele: ▶ Ausstellung der Lernplakate ▶ Patenschaften für die geflüchteten Kinder ▶ Willkommensplakat ▶ Orientierungssymbole im Schulgebäude ▶ Führung Schulgebäude ▶ Sprachpartner mit Muttersprachler (gemeinsames Lernen der deutschen Sprache) ▶ ... Gemeinsam wird abgestimmt und überlegt, welche Idee die Klasse in Form eines Projekts umsetzen möchte und wie die Umsetzung erfolgt. Dazu dokumentiert ein Kind die Ergebnisse. Die Klasse plant das Projekt, verteilt Aufgaben und führt es anschließend durch.	Sitzkreis/ Plenum	☐ AB Gruppenarbeit ☐ Stift/Zettel

Tipp: Lassen Sie die Kinder die Wahl und die Organisation möglichst eigenständig durchführen und halten Sie sich als stiller Moderator zurück. Sie können zu Beginn der Reflexion ein Moderationskind bestimmen, das die Organisation übernimmt.

Wenn Sie feststellen, dass die Klasse ein unrealistisches Projekt vorhat, leiten Sie die Kinder jedoch zum Nachdenken und zum Reflektieren an.

Auch bei der anschließenden Planung und Durchführung sollen die Kinder selbstständig arbeiten und sich somit noch stärker mit ihrem Projekt identifizieren.

Zusätzlich kann die Klasse eine Ausstellung der Plakate zur Information für die anderen Schüler der Schule organisieren.

Unser Projekt für die geflüchteten Kinder an unserer Schule

Wie kann **ich** den geflüchteten Kindern helfen?

....

....

....

....

....

....

....

Hier kannst du deine Ideen auch zeichnen:

© Verlag an der Ruhr | Autorin: Kira Janello | ISBN 978-3-8346-3789-5 | www.verlagruhr.de

Unser Projekt für die geflüchteten Kinder an unserer Schule

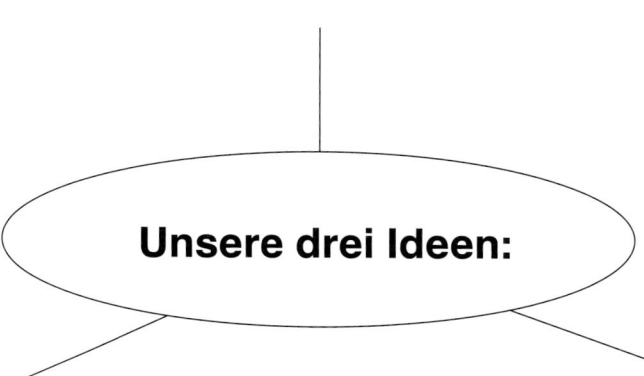

Unsere drei Ideen:

Wie können wir unsere Ideen umsetzen?

....

....

....

....

© Verlag an der Ruhr | Autorin: Kira Janello | ISBN 978-3-8346-3789-5 | www.verlagruhr.de

Anhang

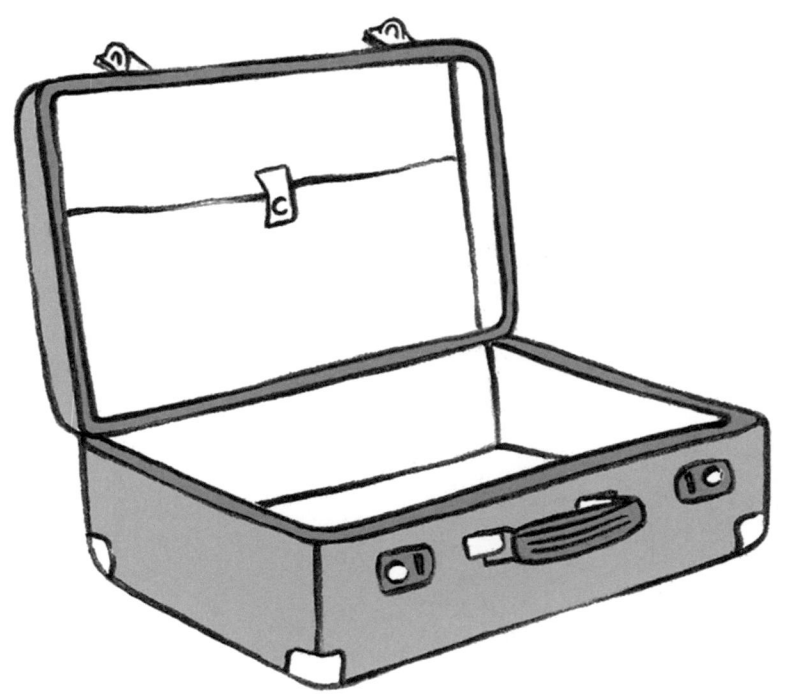

Illustration: © Katja Hillscher

Ablauf

✂

Ablauf der Expertenstunde:

Expertenversammlung 1

Geschichte vorlesen

Fragen beantworten

© Verlag an der Ruhr | Autorin: Kira Janello | ISBN 978-3-8346-3789-5 | www.verlagruhr.de

© Verlag an der Ruhr | Autorin: Kira Janello | ISBN 978-3-8346-3789-5 | www.verlagruhr.de

Ablauf

Forscherfrage beantworten

Selbsteinschätzungsbogen ausfüllen

Expertenversammlung 2

Rollen verteilen

Reihentranzparenz

Kinder auf der Flucht

Wir Menschen dieser Erde

Ich und ich ich nicht!

© Verlag an der Ruhr | Autorin: Kira Janello | Illustrationen: Katja Hilscher | ISBN 978-3-8346-3789-5 | www.verlagruhr.de

Reihentranzparenz

Wir brauchen zum Leben ...

Wo fühle ich mich sicher?

Was brauche ich zum Leben?

Das weiß ich schon!

Das möchte ich noch gern wissen!

© Verlag an der Ruhr | Autorin: Kira Janello | Illustrationen: Katja Hilscher | ISBN 978-3-8346-3789-5 | www.verlagruhr.de

Forscherfragen

Wie sehen die Heimatländer der geflüchteten Kinder aus? Wie leben die Menschen dort?

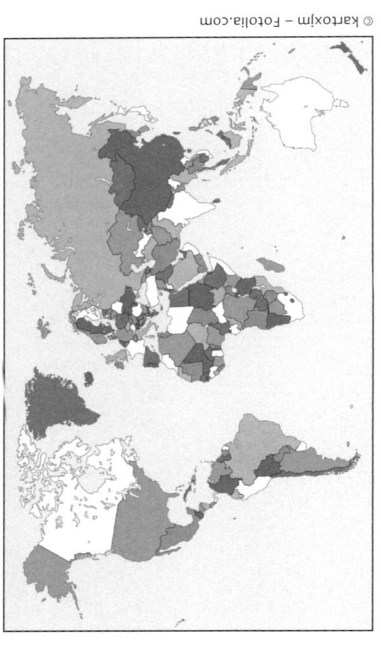

© kartoxjm – Fotolia.com

Warum fliehen die Kinder aus ihren Heimatländern?

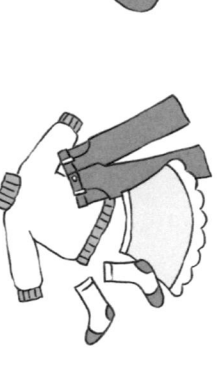

© Verlag an der Ruhr | Autorin: Kira Janello | Illustrationen: Katja Hilscher | ISBN 978-3-8346-3789-5 | www.verlagruhr.de

| Forscherfragen | Projekt |

© Verlag an der Ruhr | Autorin: Kira Janeiro | Illustrationen: Katja Hilscher | ISBN 978-3-8346-3789-5 | www.verlagruhr.de

Wie flüchten die Kinder mit ihren Familien?

Was passiert mit den geflüchteten Kindern in Deutschland?

© DR – Fotolia.com

Unser Projekt für geflüchtete Kinder an unserer Schule

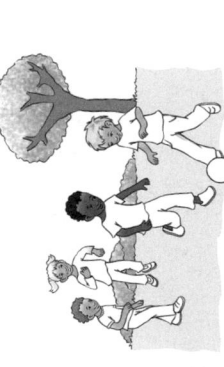

Datum ....

So schätzen wir heute unsere Arbeit ein:

1. Wir haben das geschafft, was wir wollten.
   Kreuzt an!

Begründung:

....

....

2. Wir haben gut zusammengearbeitet.
   Kreuzt an!

Begründung:

....

....

3. Das nehmen wir uns als Team für die nächste Stunde vor:

....

....

....

© Verlag an der Ruhr | Autorin: Kira Janello | ISBN 978-3-8346-3789-5 | www.verlagruhr.de

© Verlag an der Ruhr | Autorin: Kira Janello | ISBN 978-3-8346-3789-5 | www.verlagruhr.de

Beobachtungsbogen

Name	... kann das Land in einer Weltkarte einordnen.	... kann das Leben im Land exemplarisch beschreiben.	... kann mehrere Fluchtursachen benennen.	... kann den Ablauf einer Flucht exemplarisch beschreiben.	... versetzt sich in die Gefühle der geflüchteten Kinder hinein.	... weiß, was mit geflüchteten Personen in Deutschland passiert.	... beteiligt sich in den Reflexionsphasen.	... beteiligt sich aktiv an der Gruppenarbeit.	... übernimmt Verantwortung in der Gruppe.

Wortspeicher

die Armut

die Regierung

die Verfolgung

die Landschaft

die Minderheit

die Flucht

das Heimatland

die Fluchtgründe

der Krieg

© Verlag an der Ruhr | Autorin: Kira Janello | ISBN 978-3-8346-3789-5 | www.verlagruhr.de

© Verlag an der Ruhr | Autorin: Kira Janello | ISBN 978-3-8346-3789-5| www.verlagruhr.de

Wortspeicher

flüchten

ankommen

verlassen

verlieren

die Grenzkontrolle

die Grenze

der Schlepper

die Landschaft

fliehen

Wortspeicher

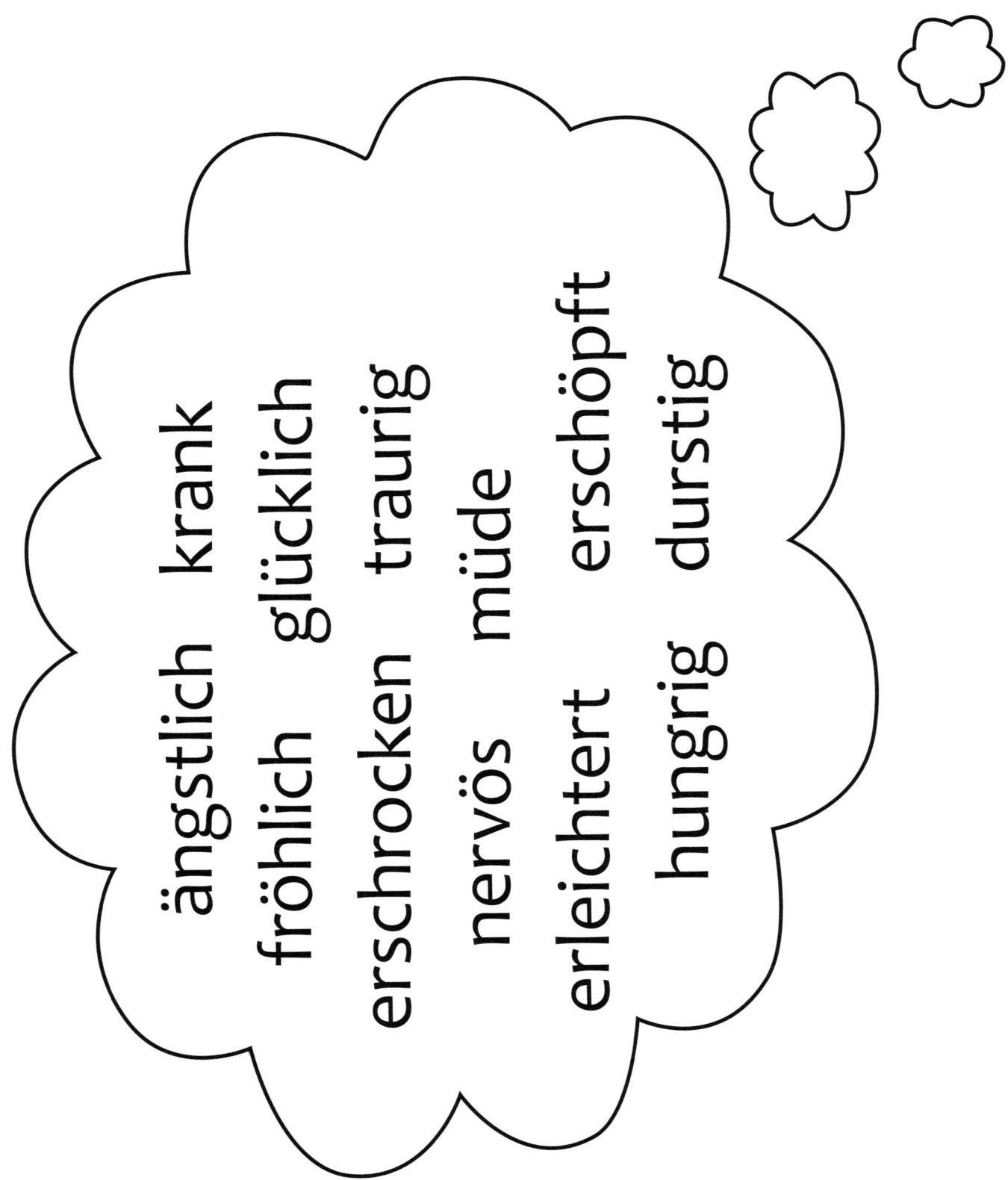

© Verlag an der Ruhr | Autorin: Kira Janello | ISBN 978-3-8346-3789-5| www.verlagruhr.de

© Verlag an der Ruhr | Autorin: Kira Jonello | ISBN 978-3-8346-3789-5 | www.verlagruhr.de

Definitionen

Krieg ist eine Art Streit zwischen zwei Ländern oder innerhalb eines Landes, welcher mit Waffen ausgetragen wird.

Eine geflüchtete Person ist ein Mensch in Not, der seine Heimat verlassen muss!

Definitionen	Sprachliche Hilfen

Integration bedeutet, Menschen in unsere Gemeinschaft einzugliedern, sodass sie ein Teil davon werden.

Ich habe mich ... gefühlt, weil ...

Wir haben herausgefunden ...

© Verlag an der Ruhr | Autorin: Kira Janello | ISBN 978-3-8346-3789-5| www.verlagruhr.de

Zur Autorin

Kira Janello studierte Grundschul-
lehramt mit den Schwerpunkten
Mathematik, Deutsch und Sachun-
terricht an der Westfälischen Wil-
helms-Universität in Münster. Während ihres Studiums arbeitete sie
in der offenen Ganztagsbetreuung
einer Grundschule und beschäftigte
sich ehrenamtlich bei der Gestal-
tung von Freizeitangeboten für Familien und Menschen mit geistiger
Behinderung. In ihrer Masterarbeit
und ihrem Referendariat setzte sie
sich umfassend mit den Themen
Nachhaltigkeit und Integration,
insbesondere von geflüchteten
Kindern, auseinander, um diese
politisch komplexen Themen für
Kinder greifbar zu machen und im
Rahmen der Grundschule ein erstes
Bewusstsein zu schaffen.

© Achim Janello

© Verlag an der Ruhr | Autorin: Kira Janello | ISBN 978-3-8346-3789-5| www.verlagruhr.de

Verlag
an der Ruhr
Keiner darf zurückbleiben

Vorlesen üben mit Dialog-Geschichten – Klasse 1/2

15 kurze Lese-Stücke auf praktischen Textkarten

Kl. 1–2, 32 farbige feste Karten A4 + 28 S. Begleitheft, in praktischer Aufbewahrungsbox
Best.-Nr. 978-3-8346-2987-6

▸ Witzige Texte wecken Freude am Lesen
▸ Überwindung von Lesehemmungen durch einfachen Zugang
▸ Förderung des Leseverständnisses durch Partnerkontrolle und inhaltliche Fragen

Bilder erzählen Geschichten

Erste realistische Schreibanlässe

Arbeitsblätter für die Grundschule in 3 Differenzierungsstufen

Kl. 1–2, 64 S., A4, Heft
Best.-Nr. 978-3-8346-2970-8

▸ 15 verschiedene Schreibanlässe aus der Lebenswelt der Kinder, je 3-fach differenziert
▸ mit ansprechenden Themenbildern als Schreibimpuls

Mit Montessori in großen Sprüngen den Satzbau erobern

Anleitungen, Vorlagen, handlungsorientierte Materialien

Kl. 2–4, 144 S., A4, Paperback, vierfarbig
Best.-Nr. 978-3-8346-2984-5

▸ Satzbau lernen nach Montessori
▸ Grammatik aneignen durch Bewegung
▸ Ganzheitliches Erleben von Satzstrukturen

30 x Rechtschreibung für 45 Minuten – Klasse 4

Ausgearbeitete Stunden mit Kopiervorlagen

Kl. 4, 96 S., A4, Paperback
Best.-Nr. 978-3-8346-2968-5

▸ Alle wichtigen Rechtschreibfälle in motivierenden Aufgaben verpackt
▸ Für einen sicheren Umgang mit der Schriftsprache

Merk-Poster

Deutsch-Wissen auf einen Blick – Klasse 3/4

Kl. 3–4, 12 Poster A3
Best.-Nr. 978-3-8346-0867-3

▸ 12 übersichtliche und dekorative Merkposter
▸ Antworten auf die häufigsten Fragen der Kinder
▸ Individuell einsetzbar

Satzbau üben und festigen

Kopiervorlagen mit Lösungen

Kl. 3–4, 80 S., A4, Heft
Best.-Nr. 978-3-8346-2971-5

▸ Satzbau systematisch einführen, üben und festigen
▸ Ausführliche Übungsmöglichkeiten ohne überflüssigen Schnickschnack
▸ Selbsterklärende, wiederkehrende Aufgaben und Methoden